历史不能忘记系列

抗战中的延安

黄 超◎著

中国民主法制出版社

2015年·北京

图书在版编目（CIP）数据

抗战中的延安/黄超著.—北京：中国民主法制出版社，2015.7

（历史不能忘记系列）

ISBN 978-7-5162-0938-7

Ⅰ.①抗… Ⅱ.①黄… Ⅲ.①陕甘宁抗日根据地—史料—青少年读物 Ⅳ.①K269.506

中国版本图书馆 CIP 数据核字（2015）第 180327 号

历史不能忘记系列

　　张量　主编

图书出品人： 刘海涛

出 版 统 筹： 赵卜慧

责 任 编 辑： 吕发成　胡百涛

书名/抗战中的延安

作者/黄超　著

出版·发行/中国民主法制出版社

地址/北京市丰台区玉林里 7 号（100069）

电话/63055259（总编室）　63057714（发行部）

传真/63056975　63056983

http：//www.npcpub.com

E-mail： mzfz@npcpub.com

经销/新华书店

开本/32 开　880 毫米 ×1230 毫米

印张/6.25　**字数**/126 千字

版本/2023 年 3 月第 2 次印刷

印刷/涿州市荣升新创印刷有限公司

书号/ISBN 978-7-5162-0938-7

定价/49.80 元

出版声明/版权所有，侵权必究。

▶ **修订版序**

中国出版集团旗下中国民主法制出版社，将在中国人民抗日战争暨世界反法西斯战争胜利 70 周年之际，修订再版"历史不能忘记"系列丛书，我感到非常高兴。当年我参加组织编写了这套丛书，得到了社会的认可。在老一辈无产阶级革命家杨成武同志为第一版作序后，由我为再版作序。虽然水平有限，然出版社坚持，也只好尽力而为了。

1993 年以后，日本国内的右翼势力开始猖獗，日本政局也开始出现右倾化的动向，不时上演参拜靖国神社、篡改历史教科书、否定南京大屠杀，为日本侵华战争涂脂抹粉，企图推卸战争责任的闹剧。前事不忘，后事之师。要让中国人民和世界人民永远牢记这段历史，尤其要让青少年从小就了解、记住这段历史。在我国国内，虽然抗日战争方面的图书资料很多，却难见一套比较系统地对青少年进行抗日战争方面的爱国主义教育的丛书。1998 年初，中国民主法制出版社的编辑赵卜慧等同志策划了"历史不能忘记"系列丛书。受出版社邀请，我组织时任中国社会科学院近代史研究所所长、《抗日战争研究》杂志主编、中国抗日战争史学会副会长张海鹏，中国第二历史档案馆馆长、中国抗日战争史学会理事周忠信，中国人民大学中共党史系主任、博士生导师陈明显，中国人民抗日战争纪念馆编研部主任、中国抗日战争史学会常务理事、研究员张量和中国人民解放军军事医学科学院研究员、细菌学专家郭成周以及对抗日战争史有深入研究的专家学者，精心编写了这套丛书。这套丛书收录了大量的史料和图片，有些是首次公之于众的，揭露了日本侵略中国所犯下的滔天罪行，如南京大屠杀、日军细菌部队罪行等；讴歌了中国人民浴血奋战，与日本侵略者血战到底的气壮山河、可歌可泣的民族精神，如八一三淞沪会战、台儿庄战役、百团大战等。该丛书第一版推出12本，于1999年9月出版。丛书出版后在读者中引起了很好的反响，当年就名列共青团中央"中国新世纪读书计划第7期新书推荐榜"，并被列为上海市中小学生图书馆必备书目，荣获第9届上海市中小学生优秀课外读物三等奖。

近几年，日本政府在右倾化的道路上越走越远，尤其是安倍上台以后，不但矢口否认历史，而且否认对侵略历史表示歉意的"村山谈话"，挑起诸多事端，解禁集体自卫权，对外出售武器，动摇日本战后和平宪法的根基，加快日本军国主义的复活，引起世界各国尤其是曾经遭受日本军国主义铁蹄蹂躏的亚洲邻国的高度警惕。

为了铭记历史、缅怀先烈、珍视和平、警示未来，2014 年 2 月 27 日，全国人大常委会通过了《全国人民代表大会常务委员会关于确定中国人民抗日战争胜利纪念日的决定》，以法律的形式，将每年 9 月 3 日确定为中国人民抗日战争胜利纪念日；2014 年 4 月 10 日，又通过了《全国人民代表大会常务委员会关于设立南京大屠杀死难者国家公祭日的决定》。今年是中国人民抗日战争暨世界反法西斯战争胜利 70 周年，我国将在纪念日举行空前盛大的阅兵活动，向世界宣示中国维持战后世界秩序的坚定决心。

在此之际，修订再版"历史不能忘记"系列丛书，充分体现了中国民主法制出版社的担当意识和责任精神。丛书站在新的历史方位，挖掘和整理最新史学研究成果和文献资料，由初版 12 册增加到 22 册，内容更加丰富，事实更加清晰，范围更加广阔，尤其是把儿童抗战、文化抗战、台湾抗战、空军抗战、海军抗战等鲜为人知的抗战史料呈现在读者面前。不难看出策划者把这套丛书作为精品工程精心来打造的良苦用心。

2014 年 7 月 7 日，习近平总书记在纪念全民族抗战爆发 77 周年仪式上指出，历史是最好的教科书，也是最好的清醒剂。中国人民对战争带来的苦难有着刻骨铭心的记忆，对和平有着孜孜不倦的追求。中国的抗日战场，是世界反法西斯战争的东方主战场，中国抗日战争的胜利，为世界反法西斯战争作出了积极贡献。中国抗日战争的胜利，是中国近代以来第一次取得的反对外来侵略的彻底胜利，一雪百年屈辱历史，它是中华民族由衰败走向振兴的重大转折。

实现民族复兴的中国梦，是每一位中华儿女共同的历史使命。中华民族的伟大复兴、美丽中国梦的实现，许多道理需要让历史告诉未来。中国人民会铭记这段历史，以史为鉴，时刻保持清醒头脑，警惕日本军国主义的死灰复燃，牢记"落后就要挨打，就要受人欺负"的教训，紧密地团结在以习近平为总书记的党中央周围，发奋图强，努力学习和工作，把我们的国家建设得日益繁荣富强，为早日实现中华民族伟大复兴的中国梦而努力奋斗。

中央档案馆原馆长

中国档案学会原理事长

中国抗日战争史学会原副秘书长　王明哲

2015 年 5 月

抗日战争，这是个历史性和现实性都很强的话题。

说它具有很强的历史性，那是因为，这场战争的爆发距今毕竟已有 62 年。时至今日，战争的硝烟早已散尽，在和平共处五项原则的基础上，中日两国正面向未来，致力于建设和平与发展的友好合作伙伴关系。至于有关反映抗日战争的文章和书籍，60 多年来则更是难计其数。

说它具有很强的现实性，则是由于：其一，抗日战争毕竟是自 1840 年鸦片战争以来，帝国主义列强发动的历次侵华战争中最残酷的一场战争，也是中国人民反抗外来侵略最坚决并最终取得全面胜利的一场战争。这场惨绝人寰的侵略战争造成了 3500 万中国人的伤亡，造成了 1000 亿美元的直接财产损失，使千百万中国人流离失所。这么一场空前的民族大灾难，无论如何不应该也无法从人们的记忆中抹去。其二，抗日战争虽然早已结束，但它给我们留下许多血的教训：得道多助、失道寡助。尽管有一时的强弱之别，然而玩火者必自焚，正义终将战胜邪恶；贫穷、落后就要挨打，就会受人欺辱，只有国家富足强盛，才能人民安居乐业……所有这些，都将犹如警钟长鸣，时时警示着世人。其三，人总是要有点精神的。中华儿女在这场民族灾难中所表现出来的浴血奋战、不怕牺牲的抗战精神，作为一种极其宝贵的精神财富，无论时间再久远，都将永久地熠熠生辉、光芒四射。在和平的年代里，在社会经济建设中，我们仍然需要弘扬这种宝贵的民族精神。其四，随着时间的推移，抗日战争渐渐成为历史，年青的一代只能从历史书籍、从教科书中去了解这场战争的真相了。也正因为如此，在日本，总有那么一些人不时地挑起事端，他们或在教科书问题上大做文章，或在日军侵华史实上黑白颠倒，企图篡改历史，误导后人。历史霎时间似乎成了一个任人打扮的小女孩。为此，要不要把这场战争的本来面貌告诉世人特别是年青的一代，显然成了摆在每一个史学工作者面前的现实问题。

有鉴于此，中国民主法制出版社约请了长期从事抗日战争问题研究、占有大量客观资料的专家学者，历时数载，撰写了这套"历史不能忘记"丛书。丛书本着对历史负责，对后人负责的态度，严格尊重史实，凭借事实说话，分《以史为鉴　面向未来》《九一八事变》《七七卢沟桥事变》《八一三淞沪会战》《平型关战役》《台儿庄战役》《南京大屠杀》《百团大战》《日军细菌战》《中国空军抗战》《中国海军抗战》《中国抗日远征军》

《抗日英烈民族魂》《华侨支援祖国抗战纪实》《国际友人与抗日战争》《华北抗日》《华东抗日》《华南抗日》《抗战中的延安》共 19 个分册，全方位多角度、系统客观地披露和介绍了抗日战争的爆发背景以及发动经过、侵华日军在战争中所犯下的滔天罪行、中国军民抗击侵略者的著名战役、献身于抗战的民族英烈等。其中，一些材料和观点尚属首次公开发表。

日本的一位首相曾经说过："我们无论怎样健忘，也不能忘记历史。我们可以学习历史，但不能改变历史。"作为一种民族灾难，抗日战争过后的今天，无论是挑起这场战争的加害国还是遭受侵略的被害国，惟有正视史实，以史为鉴，才能更好地面向未来，防止悲剧再度发生。而再现历史真相又是问题的逻辑前提。我想，这恐怕正是撰写和出版这套丛书的目的所在吧。

作为抗日战争的亲身经历者，我愿意把这套丛书推荐给需要了解和应当了解这段历史的人们。

杨成武

1999 年 4 月 4 日

► 目　录

红军落脚陕北
中共中央进驻延安

◎ 报纸启发长征方向

　　1934年，中国共产党开辟的各个根据地相继沦陷。同年10月，第五次反"围剿"失败，中共中央和中央红军被迫进行北上抗日的战略大转移。从江西的瑞金出发，先后突破国民党军队的四道封锁线，当经过湘江时，中央红军和中央机关人员由长征出发时的86万余人锐减到3万余人，中国革命处于危急关头。1935年1月，中共中央召开遵义会议，解决了党内面临的最迫切的组织问题和军事问题，结束了"左"倾教条主义错误在党中央的统治，开始确立了毛泽东在中共中央和红军的领导地位，从而挽救了中国革命。

　　1935年，西北红军在刘志丹的率领下，主力连战获胜，将苏区范围扩大到北起长城，南至淳耀，西接环江，东临黄河，占23个县，人口约100万的广大地区，在南方革命根据地丧失殆尽的情况之下，成为当时全国"硕果仅存"的一块根据地。长征开始之前，中共中央对陕甘边和陕北革命根据地有一定的了解。长征开始后，中共中央同陕西党组织的联系中断，对陕甘革命根据地的发展亦无从了解。①

1935 年 6 月，中央红军和红四方面军在四川懋功（今小金县）胜利会师，总兵力达 10 万多人。根据全国政治形势的变化和当时红军所处的战略位置，党中央力主北上，建立川陕甘根据地。而红四方面军领导人张国焘却在此时分裂党和红军，中央红军经过长途转战，兵力损失大半，剩下不足 3 万人，而红四方面军却拥有五个军 8 万人。在这种情况下，张国焘个人野心膨胀，依仗人多枪多，公然闹独立，反对中央北上方针，提出南下向川康发展。最终北上的红军仅有红一方面军的一、三军团和军委纵队约 8000 人。红军进入甘南后，兵员有减无补。在 9 月 12 日的俄界会议后，中央决定北上，到中苏边境创建一个根据地，并将红一、三军团和中央纵队改编为中国工农红军陕甘支队。陕甘支队为扫清北上障碍，发起攻打腊子口战役，9 月 18 日，陕甘支队突破天险腊子口后，越岷山，过施窝、大草滩，于 20 日到达甘南哈达铺。②

9 月 20 日，中共中央进驻哈达铺，在当地邮政所获得了一些国民党发行的报纸，从中了解到红二十五军与陕北红军会合的消息，也才知道陕北还有一块相当稳固的红色根据地。在一份旧的《晋阳日报》上登载了阎锡山的一段话："陕北刘志丹赤匪已占县城六座，有正规军五万多人，游击队、赤卫队、少先队不下 20 万人。"③ 虽然报道中有所夸大，但是毕竟让长征中的红军知道陕北有一支红军队伍，而且有根据地。22 日，

---

① 黄金生：《长征落脚点革命出发点》，载《国家人文历史》2014 年第 24 期，第 41 页。

② 黄金生：《长征落脚点革命出发点》，载《国家人文历史》2014 年第 24 期，第 42 页。

③ 杨江华主编：《延安的故事》，湖南科学技术出版社 2012 年版，第 4 页。

毛泽东在哈达铺义和昌药店内，召开了中央负责人会议，根据最新情报进一步分析了敌情，研究了北上的行动方案。同日下午，在哈达铺的关帝庙内召开了红军团以上干部会议，毛泽东作了报告，将全军改名为中国工农红军北上抗日先遣队（又称陕甘支队），全军共编为三个纵队，约7000人，将红军北上的目的地初步确定为陕北。①

小镇哈达铺本是红军在困难之际进行短暂休养和整编之地，却无意之中成为红军命运的重大转折点。9月26日，中央进驻榜罗镇，从榜罗小学中找来很多报纸，了解当时全国的形势。② 国民党在1935年8、9月的《大公报》上刊登了关中"匪情"和陕北军事形势转变等有关陕北根据地的报道，这些报道再次证实了陕北红军的存在与活动情况。27日，中共中央在甘肃通渭县榜罗镇召开政治局常委会议，改变了俄界会议主张将北上到中苏边界建立根据地的意见，作出了进入陕北的战略抉择。正是因为知道陕甘边根据地，中央红军解决了长期困扰的落脚点问题。1935年10月19日，毛泽东和中共中央率陕甘支队到达陕北吴起镇（今吴起县城），历时整整一年的二万五千里长征宣告胜利结束。中央到陕北时，剩下五六千人。据很多的历史资料记载及亲眼见过中央红军到陕北的老人回忆，当时的中央红军衣衫破烂，人又黑又瘦，像叫花子队伍。

在陕北，党中央和中央红军得到了当地党政军民无私支持和拥护，不仅解决了生死存亡问题，得到休养生息，而且转入了又一轮发展壮大期。

---

① 张克复编：《甘肃史话》，甘肃文化出版社2007年版，第398页。
② 张克复编：《甘肃史话》，甘肃文化出版社2007年版，第399页。

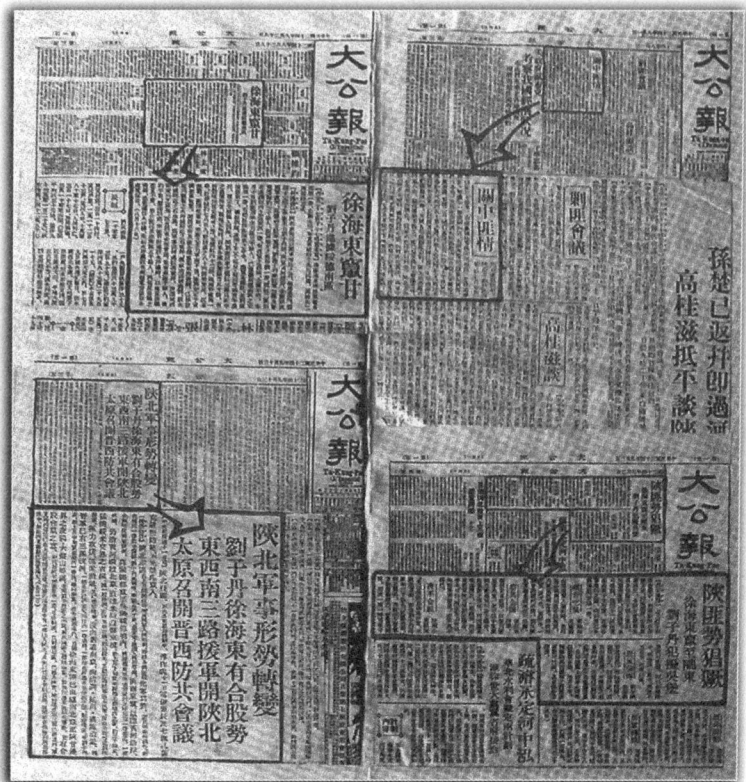

▲1935 年 8、9 月国民党《大公报》。正是从这几张报纸上，党中央才知道陕北有一块相当稳固的红色根据地（转引自《国家人文历史》2014 年第 24 期）。

◎ 中央与陕北"互救"

如果没有陕甘边根据地就没有中央红军长征的落脚点。然而，这个当时唯一能给中共领导的革命武装提供落脚点的"红色孤岛"，若不是中央红军的及时赶到，就差点被内部"肃反"的滥捕滥杀所断送。正是中央和陕北进行的这场"互救"，扭转了中国革命的危局，使中国革命化险为夷，转危为安，并由低谷逐步走向了高潮。

陕甘根据地是谢子长、刘志丹、习仲勋等领导红二十六、二十七军经过多年艰苦斗争建立起来的。1934 年 8 月，谢子长率部在清涧河口战斗中，不幸胸部被敌弹击中，身负重伤。由于医疗条件有限，他的伤势不断恶化，1935 年 2 月 21 日在安定县灯盏湾逝世。同年 9 月 15 日，来自鄂豫皖地区的红二十五军长征到达陕北，此后与陕甘苏区的红二十六、二十七军合编为红十五军团，徐海东任军团长、程子华任政治委员、刘志丹任副军团长兼参谋长。红十五军团建立后，立即投入陕甘根据地的反"围剿"斗争，10 月 1 日至 25 日，先后取得了劳山、榆林桥两次战役的胜利。此时，由于中央派驻西北代表团贯彻王明"左"倾错误路线，陕北发生了严重的错误肃反事件，刘志丹、高岗、习仲勋等一大批参与创建陕甘苏区的领导干部被关押，200 多人被错杀。[①] 党内开展的错误肃反斗争与国民党军队的大规模"围剿"，使这一仅存的陕甘根据地陷入严重危机之中。在听取了工作组关于审查刘志丹等"案件"的汇报后，毛泽东和党中央及时纠正了陕甘根据地的错误肃反，释放了刘志丹等陕甘红军和根据地的领导人，刘志丹代表全体获释同志感谢党中央的正确处理，表示说："中央来了，一切都好办了。"并一再强调要"团结起来，在党中央领导下努力工作"。在 1942 年 12 月 12 日西北局高干会上，中共中央重新审查了陕北的肃反问题，并作出了《关于 1935 年

----

① 中国延安干部学院编：《延安时期大事记述》，中央文献出版社 2010 年版，第 19 页。

陕北（包括陕甘边和陕北）"肃反"问题重新审查的决定》。[①] 习仲勋回忆："毛主席不到陕北，根据地就完了；毛主席晚到四天，就没有刘志丹和我们了；要不是毛主席说'刀下留人'，我早已不在人世。他们（指'左'倾机会主义者）已给刘志丹和我们挖好了活埋坑。"[②]

11 月初，中共中央率中央红军在甘泉地区的下寺湾同红十五军团会师。11 月 3 日，中央政治局召开会议讨论了当前最紧迫的军事问题，恢复了红一方面军建制，统一军事指挥。在这次会议上，中央决定：由毛泽东负责军事工作，任中国工农红军西北革命军事委员会主席。20 日至 24 日，在毛泽东等人的指挥下，中央红军和西北红军部署了直罗镇战役，歼灭国民党军队一个师又一个团。这次战役的胜利，彻底粉碎了国民党军队对陕甘根据地的第三次"围剿"。直罗镇一仗，中央红军和西北红军兄弟般的团结，粉碎了蒋介石向陕甘宁边区的"围剿"，给党中央把全国革命大本营放在西北的任务，举行了一个奠基礼。[③]

◎ 瓦窑堡会议

1935 年 12 月 17 日，陕北瓦窑堡。中共中央政治局成员毛泽东、周恩来、博古、王稼祥、刘少奇、邓发、凯丰等，在张闻天所住的窑洞里，举行了一次连续九天的重要会议，研究并确立了

---

① 中国延安干部学院编：《延安时期大事记述》，中央文献出版社 2010 年版，第 20 页。

② 黄金生：《长征落脚点革命出发点》，载《国家人文历史》2014 年第 24 期，第 54 页。

③ 《毛泽东选集》（第 1 卷），人民出版社 1991 年版，第 150 页。

建立抗日民族统一战线的新策略，这就是"瓦窑堡会议"。

▲1935年毛泽东在瓦窑堡党的活动分子会上演讲

　　这时，全国抗日救亡运动已经形成新的高潮，共产党面临着从土地革命战争向民族革命战争转变的新形势，这就要求党必须制定适应新情况的完整的政治路线和战略方针。而陕北局势的初步稳定，也使得中央和军委的领导获得了一个相对安定的环境来考虑和处理全局性的问题。恰在这时，中共驻共产国际代表团成员张浩从苏联回来了，带来了共产国际关于建立反法西斯统一战线的精神，于是中央决定召开这次政治局扩大会议。会议在张闻天住的窑洞里召开，张闻天作关于政治形势和策略问题的报告，张浩传达共产国际七大关于建立反法西斯统一战线的精神，毛泽东在会上作主题发言，提出建立广泛的抗日民族统一战线。毛泽东总结过去的教训说，福建事变时，在对十九路军的问题上有错误，本来是可以争取他们一起抗战反蒋的，但我们没有争取。我们的失策，就在于套用"中间势力是最危险的"这一理论。联合民族资产阶级抗日，是从中国的具体情况出发的，是合乎马克思主义基本原理的。①

12 月 25 日，会议通过了由张闻天起草的《中央关于目前政治形势与党的任务决议》。决议特别强调了建立最广泛的抗日民族统一战线的重要性，确定了党的策略路线是发动、团结与组织全中国全民族一切革命力量去反对当前主要的敌人——日本帝国主义与蒋介石。②

12 月 27 日，在瓦窑堡龙虎山下的西北办事处礼堂，毛泽东在党的活动分子会议上作了《论反对日本帝国主义的策略》的报告，进一步阐明了建立抗日民族统一战线的主张，特别是精辟地分析了民族资产阶级的两面性和利用地主买办营垒内部矛盾的可能性，论证了工人阶级与民族资产阶级以及地主买办营垒中的亲英美派联合的可能性和重要性。③

瓦窑堡会议制定了建立抗日民族统一战线的新策略；克服了"左"倾关门主义错误，使党牢牢掌握了政治上的主动权；从中国的实际出发，创造性地运用马克思主义来指导中国的革命运动。

◎ 西安事变

瓦窑堡会议后，为了扩大抗日武装和革命根据地，实现直接对日作战，党中央决定红一方面军以"中国人民抗日先锋

---

① 杨江华主编：《延安的故事》，湖南科学技术出版社 2012 年版，第 19 页。

② 中国延安干部学院编：《延安时期大事记述》，中央文献出版社 2010 年版，第 26 页。

③ 中国延安干部学院编：《延安时期大事记述》，中央文献出版社 2010 年版，第 27 页。

军"的名义进行东征。在毛泽东和彭德怀的指挥下，抗日先锋军于1936年2月20日突破阎锡山部队的黄河防线，在75天连续作战中，转战30多个县，成功消灭国民党军七个团1.3万多人，缴枪4000余支，炮20余门，扩大红军8000多人，筹得款项30多万元及大量物资。[①] 在遭到蒋介石、阎锡山的重兵阻拦后，为了避免内战，保存抗日力量，并促进抗日民族统一战线的开展，党中央于5月初决定红军撤回陕北，结束东征。红军东征结束回师陕北后，蒋介石仍坚持"进剿"政策，党中央迫于形势又决定组成西方野战军，向陕、甘、宁三省边界国民党军事力量薄弱的地区进行西征。红军西征军从5月下旬至7月底，攻取宁夏开辟了纵横400余里的新根据地，使陕甘根据地扩大为陕甘宁根据地。在红军进行东征和西征的同时，6月1日，国民党广东军阀陈济棠，广西军阀李宗仁、白崇禧以北上抗日为名，企图出兵争夺南京国民党政府，发起"两广事变"。蒋介石被迫将主要精力用于应付事变，分散了对陕北根据地进剿的中央军兵力，给了中央红军发展的机会。

在当时的条件下，中国各派政治力量对中国共产党与共产国际及苏联的态度都极其重视，因此红军西征打通国际路线与苏联取得联络，解决战略依托问题，不论是对推动张学良"抗日反蒋"建立西北大联合、解除国民党十七路军杨虎城对中央军的顾虑，还是对提高红军的军事政治地位都极其重要。党中央借机大力开展了对东北军张学良、十七路军杨虎城的统一战线工作。

① 中国延安干部学院编：《延安时期大事记述》，中央文献出版社2010年版，第38页。

▲西安事变前张学良与杨虎城的合影

1936 年 1 月，中共中央与东北军张学良、国民党六十七军王以哲建立了直接联系。2 月，红军与王以哲的六十七军达成互不侵犯协议。

4 月 9 日，周恩来代表中共中央到东北军驻地肤施（即延安），同张学良举行秘密会谈，这次历史性的会谈，从 4 月 9 日晚一直谈到次日凌晨 4 时才结束。张学良接受中国共产党关于停止内战、共同抗日的政治主张，并提出争取蒋介石抗日的意见。双方还商定了红军与东北军互不侵犯、互派代表等事项。这次重要会谈后，中共中央正式向东北军派驻代表，在西安开展统战工作。

　　1935年12月到1936年5月，中共中央、中共北方局、中共驻共产国际代表团先后派代表到杨虎城处商谈联合抗日问题。经过多次谈判，与杨虎城达成互不侵犯、取消经济封锁、建立军事联络、红军代表驻西安开展工作、联合抗日等协议。从此，中国共产党同十七路军建立了比较牢固的关系。

　　在此期间，中共中央还做了促进张学良、杨虎城团结合作的工作，派代表同新疆督办盛世才沟通联系，开展对驻守陕北的国民党军第86师师长高桂滋和哥老会的工作，并同回族人民建立了联系。到1936年冬，西北抗日民族统一战线进一步扩大，西北地区的红军、东北军、十七路军，开始形成了一个三位一体的抗日联盟，成立西北国防政府，实现西北抗日大联合。这三个基本点成为后来张学良发动西安事变的政治基础。

　　1936年12月4日，蒋介石不顾国家和民族的利益，坚持"攘外必先安内"的错误政策，召集陈诚、蒋鼎文、卫立煌等一大批高级将领、政府要员到西安布置"剿共"，在这批人到达后的数日里调集数十万中央军逼近潼关。蒋介石仗着数十万中央军向张学良、杨虎城摊牌：要么服从命令，开赴前线进攻苏区；要么分别调往福建和安徽，把陕甘两省让给中央军去"剿共"。①

　　12月12日凌晨，张学良、杨虎城实行"兵谏"，西安事变爆发。

　　西安事变在国内引起强烈的反响，内战危机有一触即发之势。事变发生的当天清晨，张学良电告中共中央。毛泽东、周恩来接到电报后，立即复电，表示拟派周恩来前往西安商讨大计。12月13日，党中央举行政治局扩大会议，讨论西安事变

▲《西北文化报》关于西安事变的报道

问题。中共中央从中华民族和中国人民的长远利益出发，郑重
确定了和平解决西安事变的方针。12 月 17 日，周恩来等作为
中共中央代表乘张学良专机飞抵西安。经过多方努力，终于换
来蒋介石停止"剿共"、联共抗日等承诺，西安事变和平解决。

西安事变的和平解决，成为时局转换的枢纽，粉碎了亲日派
和日本帝国主义者的阴谋，促进了中共中央逼蒋抗日方针的实现。

◎ 党中央进驻延安

党中央进驻延安前，发生了两件事关中国命运的大事。一
是 1936 年 11 月底，工农红军迎来了一个历史性的胜利：红四

方面军、红二方面军先后长征到达西北，与红一方面军三大主力胜利会师。会师后中华苏维埃中央政府于 12 月 7 日成立了以毛泽东为主席的新的中央军事委员会，保证了红军集中统一的指挥。二是 12 月 12 日的西安事变。

西安事变和平解决后，原来驻扎在延安的东北军撤往西安一带集中，根据双方达成的协议，延安城由红军接管。随即，中共中央决定，党中央和军委机关从保安迁往延安。12 月 18 日，陕北红一团进入延安，1936 年 12 月 28 日，《红色中华》第二版以标题为《延安城秩序已恢复》报道了红军和平接管延安城的情况："我们十八日早晨入延安城，原驻城的民团经过我们各种关系的活动，大部分接受了我们的要求，自动的愿与我们联合，除一部分愿回家的遣资回原籍外，另一部分编为抗日人民保安队，现在城内秩序良好。"①

1937 年 1 月 10 日，张闻天、毛泽东等中央领导同志离开住了六个月的保安，率领中央和军委机关途径安塞等地前往延安，13 日进入延安。"我们到延安了！""进入延安地界了！"大家兴奋起来。毛泽东对随行的同志说：延安，在陕北来说是个大地方，现在群众还不了解我们，我们一定要很好地联系群众，要注意群众纪律，要对群众多做宣传工作。② 毛泽东一行抵达杨家岭，受到了延安抗日救国会和各界代表的热烈欢迎。延安城里的民众在听到红军到延安的消息后，在抗日救国会积极组织下，举行了盛大的欢迎仪式，满街贴满了"欢迎抗日领袖"等标语口号。当毛泽东等人抵城时，各界代表、各部队约

① 中国延安干部学院编：《延安时期大事记述》，中央文献出版社 2010 年版，第 59 页。

② 杨汀华主编：《延安的故事》，湖南科学技术出版社 2012 年版，第 15 页。

四五千人，冒着严寒，手拿五颜六色的三角小旗，列长队欢迎中共中央进驻延安。下午 5 时许，毛泽东和其他中央领导同志进入了延安城。① "热烈欢迎党中央进驻延安！""热烈欢迎抗日领袖！"整个延安沸腾了。数里长的大道上，到处是欢迎的人群，锣鼓声、唢呐声、鞭炮声、欢呼声，响成一片……②

▲中共中央军委所在地延安王家坪

14 日，延安抗日救国会在城东门内大操场召开群众大会，欢迎中共中央进驻延安，毛泽东在大会上作了抗日动员。

从党中央、中央军委正式进驻延安起，延安成了中国共产党领导革命的中心和战略总后方。

---

① 中国延安干部学院编：《延安时期大事记述》，中央文献出版社 2010 年版，第 60 页。

② 王绍军、张福兴：《延安统帅部》，解放军出版社 2005 年版，第 16 页。

制定抗战路线　延安窑洞生辉

◎ 第二次国共合作

西安事变后，十年内战的局面基本结束，国内和平初步实现。在抗日的前提下，国共两党实行第二次合作成为不可抗拒的大势。

第一次国共两党的合作，从1924年1月起至1927年7月止，历时三年半。第一次国共合作的建立，加速了中国革命的步伐。1927年7月，由于蒋介石和汪精卫控制的国民党右派不顾以宋庆龄为代表的国民党左派的坚决反对，公开叛变革命，致使第一次国共合作破裂。

1935年冬至1936年春，国共两党就通过若干渠道进行了接触和谈判。西安事变和平解决后，国共两党第二次合作的谈判正式开始。1937年1月24日，毛泽东在进驻延安后的第一次政治局常委会议上分析了西安事变后的形势。2月10日，为促进国共两党合作，中国共产党发表毛泽东、张闻天等研究起草的《中共中央给中国国民党三中全会电》，向国民党提出停止内战，一致对外的五项国策：（一）停止一切内战，集中国力，一致对外；（二）保障言论、集会、结社之自由，释放一切政治犯；（三）召集各党各派各界各军的代表会议，集中全国人才，共同救国；（四）迅速完成对日抗战之一切准备工作；（五）改善人民生活。同时作出停止与国民党政府敌对、坚决执行抗日民族统一战线等四项保证：（一）在全国范围内停止推翻国民政府之武装暴动方针；（二）工农政府改名为中华民国特区政府，红军改名为国民革命军，直接受南京中央政府与军事委员会之指导；（三）在特区政府区域内，实行普选的彻底民主制度；（四）停止没收地主土地之政策，坚决执行抗日民族统一战线之共同纲领。① 中国共产党五项要求和四项保证表明了团结抗日的最大诚意和决心。

1937 年 2 月到 6 月，中共中央先后派周恩来、叶剑英、林伯渠、博古等同国民党代表顾祝同、贺衷寒、张冲以及蒋介石、宋子文等人在西安、杭州、庐山举行多次谈判。谈判中涉及的最主要问题是陕甘宁根据地地位问题，共产党提出要坚持在独立自主的前提下对红军和革命根据地实行绝对领导，并向国民党作出最大让步，包括停止反对国民党的活动，停止没收地主的土地，准备在苏区用民选的政府代替苏维埃制度，等等，但由于蒋介石缺乏诚意，谈判没有达成实质性的协议。

1937 年 7 月 7 日，日本帝国主义制造卢沟桥事变，发动全面侵华战争。7 月 15 日，中共中央将《中国共产党为公布国共合作宣言》送交国民党中央。7 月 17 日，中共中央派周恩来、博古、林伯渠再上庐山，同国民党代表就红军改编、苏区改制、发表国共合作宣言等问题进行谈判。中共中央

---

① 中央统战部、中央档案馆编：《中共中央抗日民族统一战线文件选编》（中），档案出版社 1985 年版，第 385—386 页。

希望以宣言作为国共两党合作的政治基础。因蒋介石仍然坚持红军改编后不设统一的军事指挥机关，不愿承认共产党的平等地位，逼毛泽东和朱德"出洋"，这次谈判没有结果。

▲1937 年 7 月 15 日中国共产党公布国共合作宣言全文

　　8 月上旬，平津沦陷后，上海形势日益紧张。周恩来、朱德、叶剑英应国民党邀请赴南京参加国防会议，并同国民党继续谈判。由于蒋介石急欲调动红军开赴抗日前线，在红军改编等问题上的态度有所松动，双方终于达成了将红军改编为国民革命军第八路军的协议。8 月 22 日，国民政府军事委员会发布命令，将红军改编为八路军（不久改为第十八集团军），任命朱德为总指挥、彭德怀为副总指挥。同一天，中共中央在洛川召开政治局扩大会议，决定组成中共中央革命军事委员会，毛泽东任主席，朱德、周恩来任副主席。8 月 25 日，中共中央军事委员会发布命令，红军改编为八路军，朱德任总指挥，彭德怀任副总指挥，叶剑英任参谋长，任弼时任政治部主任。8 月 29 日，为了保证党对八路军的绝对领导，中共中央书记处决定成立由朱德任书记的前方军分会（后称华北军分会）。9 月 11 日，八路军按全国统一的战斗序列改称第十八集团军，总指挥、副总指挥改称总司令、副总司令，但八路军的名称已经为人们所熟悉，故除正式行文用"第十八集团军"外，一般情况下继续沿用"八路军"这一称谓。9 月 22 日，国民党中央通讯社发表《中国共产党为公布国共合作宣言》。9 月 23 日，蒋介石发表了承认中国共产党及陕甘宁边区合法地位的谈话。① 中国共产党的国共合作宣言和蒋介石谈话的发表，标志着国共两党第二次合作的正式形成。9 月 28 日，蒋介石任命叶挺为国民革命军陆军新编第四军军长。10 月 12 日，国民政府军事委员会宣布南方八省红军游击队改编为新四军。继叶挺任新四军军长后，由中共中央提名，国民政府军事委员会核定，又任命项英为副军长，张云逸为参谋长，袁国平为政治部主任。11 月 12 日，经中共中央同意，叶挺开始组建新四军军部。12 月 25 日，新四军军部在武汉汉口正式成立。

国共第二次合作是中国共产党积极努力和大力推动的结果，使抗日战争成为名副其实的全民族革命战争，为取得中国人民抗日战争的胜利起了决定性的作用。

---

① 黄正林：《陕甘宁边区社会经济史（1937—1945）》，人民出版社 2006 年版，第 58 页。

▲1937 年 10 月 12 日，国民政府军事委员会宣布，中国共产党领导的南方八省 14 个地区（不包括琼崖红军游击队）的红军和游击队，改编为国民革命军新编第四军。图为新四军部分领导人在皖南合影。左起：陈毅、项英、袁国平、李一氓、朱克靖、粟裕、叶挺。

◎ 洛川会议

1937 年 7 月 7 日，抗日战争爆发。

7 月 8 日，战争爆发的消息传到延安。中共中央意识到，卢沟桥事变是日军大举进攻中国的开始，指出只有全民族团结抗战，才是中国生存和发展的唯一出路，从而紧紧抓住了中国抗战政治领导的旗帜。23 日，毛泽东发表了《反对日本进攻的方针、办法和前途》一文，旗帜鲜明地提出对付日本进攻存在着两种不同的方针、两套不同的办法和两个不同的前途，强调只有实行动员全国人民、全国军队、改革政府机构、争取广泛外援等八项办法，才能取得抗日战争的胜利，并向全国提出了党的全面抗战路线。中共中央在推动国民党进行全国性抗战的同时，也加紧进行红军参战的实际准备工作。为了讨论全面抗战爆发后的形势和党的任务，制定党领导抗战的方针政策，8月8日，毛泽东同张闻天致电彭德怀、任弼时："在红军开动时开一次政治局会议，同时讨论作战问题，地点在洛川。"①

对于新编成的八路军来说，一个新的问题是从什么地方开赴抗日前线，在什么地方用什么战术展开作战。

8月22日至25日，中共中央在洛川县冯家村召开政治局扩大会议（即洛川会议）。会议由张闻天主持，毛泽东在会上作军事问题和国共两党关系问题的报告，并作结论。

▲洛川会议会址

---

① 逄先知主编：《毛泽东年谱（1983—1949）》（中卷），人民出版社、中央文献出版社1993年版，第12页。

　　会上，毛泽东在军事问题和国共两党关系问题的报告中，分析了抗日战争的形势、任务及国共两党的关系。他指出抗日战争的持久性，提出红军的基本任务和战略方针，强调共产党在统一战线中的独立自主原则。对日本帝国主义，我们不能低估它，看轻它。同日本侵略军作战，不能局限于过去同国民党军队作战的那一套老办法，硬打硬拼是不行的。我们的子弹和武器供应都很困难，打了这一仗，打不了下一仗。因此，红军的基本任务是：创造根据地；钳制和相机消灭敌人；配合友军作战（战略支援任务）；保存与扩大红军；争取民族革命战争的领导权。红军的战略方针是独立自主的山地游击战，包括在有利条件下集中兵力消灭敌人的兵团和在平原发展游击战争。独立自主是在统一战线下的相对独立自主的指挥；游击战争的作战原则是分散以发动群众，集中以消灭敌人，打得赢就打，打不赢就走；山地战要达到建立根据地的目的，发展游击战争，小游击队可到平原发展。①

　　会议通过了《中央关于目前形势与党的任务的决定》、《中国共产党抗日救亡十大纲领》和《动员一切力量争取抗战胜利而斗争》，指出：七月七日卢沟桥抗战，已经成了中国全国性抗战的起点。② 中国政治形势从此开始了一个新阶段，这就是实行抗战的阶段。今天，争取抗战胜利的关键，在于使已经发动的抗战发展成为全面的全民族的抗战。而国民党实行片面的抗战路线，包含着极大的危险性，存在着严重失败的可能。因此，共产党及其领导的民众和武装力量，应该站在斗争

---

　　① 逄先知主编：《毛泽东年谱（1983—1949）》（中卷），人民出版社、中央文献出版社 1993 年版，第 15 页。

　　② 逄先知主编：《毛泽东年谱（1983—1949）》（中卷），人民出版社、中央文献出版社 1993 年版，第 15 页。

的最前线，使自己成为全国抗战的核心。《中国共产党抗日救国十大纲领》阐明了党在抗日战争时期的基本政治主张，体现了党的全面抗战路线，指明了坚持长期抗战、争取最后胜利的具体道路。①

朱德在会议上也就军事问题作了多次发言，主张早上前线，谨慎用兵，广泛开展游击战争。经过讨论，大家对毛泽东提出的坚持共产党对红军的领导、坚持独立自主的指挥原则、开展山地游击战和红军担负的任务等问题，都表示赞同，形成了一致意见。但由于出兵时间紧迫，对游击战与运动战的主次关系问题未充分展开讨论。

会议决定将中共中央军事委员会成员增加为十一人，毛泽东为书记（实际称主席），朱德、周恩来为副书记（实际称副主席）。② 洛川会议上解决了毛泽东在军事指挥上的领导权问题。

毛泽东经过考虑，决定取道山西开赴抗日前线。作出这样的选择，原因在于：第一，山西是八路军开赴前线最便捷的地方，山西地形险峻复杂，不利于日军机械化部队的展开，而有利于我军开展山地游击战，可以有力牵制华北日军南下；第二，山西是地方实力派阎锡山的地盘。日军的大举进攻威胁到他的统治地位，而他自己的力量又不足以抵抗日军的进攻。在这种情况下，如果允许国民党中央军进入山西抵抗日军，他担心"请神容易送神难"，选择并同意八路军进入山西则不会有威胁，还可把八路军作为暂时的同盟者。

---

① 中国延安干部学院编：《党中央在延安13年》，中央文献出版社2010年版，第16页。

② 逄先知主编：《毛泽东年谱（1983—1949）》（中卷），人民出版社、中央文献出版社1993年版，第15—16页。

　　洛川会议是在全国抗战刚刚爆发的历史转折关头召开的重要会议。会议制定的党的全面抗战路线和抗日救国十大纲领，对夺取中国抗战的胜利具有极为重要的意义。

◎ 论持久战

　　1938 年 5 月，毛泽东对战胜日本侵略者将是一个长期的过程和日本必败的结局进行了准确预测，中共中央的态度对于坚定中国人民的必胜信心，规划对日作战的军事部署和战略方针，起到了决定性的作用。抗日战争开始后至徐州失守前，不同背景、不同阶层的人们都试图预测抗战的前途。

　　"和谈论"。七七抗战后，《大公报》在 1937 年 7 月 13 日报道，蒋介石只"希望以和平外交方法，求得卢事的解决"，宣称粮食、弹药、交通什么都没有一点准备，不能抗战。冯玉祥问蒋介石："为什么不准备呢？"蒋介石说："若一准备，日本人就知道了，日本一向我们进攻，那还不亡国吗？"[1] 日本人在占领北平、天津以后，8 月 13 日，又进攻上海，打破了蒋介石的部署和心理底线。从上海抗战开始，蒋介石和日本帝国主义的秘密谈判也同时开始，到 11 月的时候，又通过德国大使陶德曼出面调停，但日本人的野心是无法得到满足的。11 月 13 日，中国共产党在《解放》第 23 期上发表了《反对汉奸的和平运动》一文，随着全国人民一再申斥投降阴谋，蒋介石最终被迫选择放弃和谈。[2] 12 月中旬，日本进攻南京，发生南京大屠杀以后，种种渠道的和谈在全国人民的反对声中未获成

---

　　① 荣孟源：《国贼蒋介石》，生活·读书·新知三联书店 1950 年版，第 91 页。
　　② 荣孟源：《国贼蒋介石》，生活·读书·新知三联书店 1950 年版，第 95 页。

功。1938 年 1 月 16 日，日本政府发表了《今后不以国民政府为对手》的声明，这时的国民党政府只是撤回了驻日大使，仍没有正式对日宣战，继续保持着对日本秘密联系的各种渠道。[①]

▲抗战爆发后，对于投敌叛国的汉奸，民众深恶痛绝，路边书写了"当汉奸者杀无赦"的标语。

"亡国论"。早在抗战开始前，国民党上层统治者中就有人认为："中国武器不如人，战必败。"抗战开始后，又出现"再战必亡"的论调。身任国民党副总裁的亲日派汪精卫既是投降论的代表，也是"亡国论"的突出代表。邹韬奋先生在1938 年《抗战一年》中写道：汪精卫公开谈"和平"，一大篇

---

① 雷云峰等主编：《陕甘宁边区史（抗日战争时期·上）》，西安地图出版社1993 年版，第 25 页。

一大篇的演词和谈话登在党（国民党）报上。① 像汪精卫这种悲观的情绪是由于国民党军队在军事上的严重失利，影响到了中间阶层和一部分劳动人民。另一个投降派代表人物周佛海，在南京组织了一个所谓"低调俱乐部"，大谈如何收拾战局、与日媾和，并攻击共产党和其他主张抗战的人。

"速胜论"。抗战开始后，蒋介石既和日本准备和谈，又把抗战的前途寄托在国际局势发生变化和依赖英美苏等外力援助的干预上。淞沪会战时有人提出，只要打三个月，国际局势一定会发生变化，苏联一定会出兵，战争就可解决。在打了几个胜仗，特别是台儿庄大捷后，"速胜论"就更加有市场。《大公报》在社论中竟然认为，这是向日军反攻的开始，徐州会战是"准决战"，而把台儿庄战役的胜利看成是"敌人的最后挣扎"。1941 年 12 月 8 日，太平洋战争爆发，英、美、荷、印、澳、加等国决定对日作战，国际间结成了反法西斯统一战线，蒋介石认为美国很快能战败日本。这更加提升了国民党内部的速胜论市场。②

"持久战"。在共产党内，"亡国论"是没有市场的，但一些人过于看重国民党 200 万正规军的力量，急于打大仗，对战争的长期性、艰苦性缺乏明确的认识和充分的精神准备。抗日战争是持久战，这是毛泽东的一贯主张，早在抗日战争爆发前他就提出了这一观点。1935 年 12 月，毛泽东在陕北瓦窑堡党的活动分子会议上的报告中，分析了政治经济发展不平衡的基本国情后指出，要打倒敌人必须作持久战，包括打倒日本帝国主义这个事业。1936 年 7 月，他在同美国记者埃德加·

① 荣孟源：《国贼蒋介石》，生活·读书·新知三联书店 1950 年版，第 97 页。
② 荣孟源：《国贼蒋介石》，生活·读书·新知三联书店 1950 年版，第 99 页。

斯诺的谈话中，估计了抗日战争的形势，提出了通过持久抗战取得胜利的方针。全国抗战爆发后，毛泽东在不同的场合强调持久战的战略方针并把它确定为党在抗日战争时期的基本战略指导思想。朱德、张闻天、周恩来、刘少奇、彭德怀等相继发表文章，论述抗日战争的持久性，以及实行持久战和争取抗战胜利的条件、方法等。① 1937 年 8 月 24 日，毛泽东在洛川会议上的发言中提出："抗日战争是一场艰苦的持久战。"② 25 日，中共中央发出《关于目前形势与党的任务的决定》，指出，中国的"抗战是艰苦的持久战"，由于当前的抗战还存在着严重的弱点，所以在今后的抗战过程中，可能发生许多挫折、退却，内部的分化、叛变，暂时和局部的妥协等不利的情况。③ 1938 年 3 月 12 日，延安举行纪念孙中山逝世十三周年暨追悼抗日阵亡将士大会。毛泽东在会上指出："从卢沟桥事变以来，东方历史上未曾有过的大战已经打了八个月，敌人是倾全国的力量来打，目标是灭亡中国，战略是速战速决，我们呢？也是倾全国力量来保卫祖国，战略是持久奋斗。"④ 1938 年 5 月，在抗战进行了十个月后，毛泽东深感有必要对抗战经验作一个总结性阐释，特别是应着重研究持久战问题。用事实来击破毫无根据的亡国论，说服速胜论。毛泽东经过长期的思考，在延安的窑洞里写下了不朽的长篇军事论著《论持久战》。

---

① 中国延安干部学院编：《党中央在延安 13 年》，中央文献出版社 2010 年版，第 16 页。

② 雷云峰等主编：《陕甘宁边区史》（抗日战争时期·上），西安地图出版社 1993 年版，第 21 页。

③ 雷云峰等主编：《陕甘宁边区史》（抗日战争时期·上），西安地图出版社 1993 年版，第 23 页。

④ 王绍军、张福兴：《延安统帅部》，解放军出版社 2005 年版，第 90 页。

▲毛泽东在延安窑洞里撰写《论持久战》

　　1938 年 5 月 26 日至 6 月 3 日，毛泽东在延安抗日战争研究会作了《论持久战》的长篇讲演。毛泽东分析了中日双方存在着互相矛盾的四个基本特点：敌强我弱，敌退步我进步，敌小我大，敌失道寡助我得道多助。第一个特点决定了日本的进攻能在中国横行一时，中国不能速胜，中国抗战不可避免地要走一段艰难的路程，抗战是持久的；后三个特点决定了中国不会亡国，经过长期抗战，最后的胜利属于中国。科学地预见到抗日持久战争将经过战略防御、战略相持、战略反攻三个阶段。明确指出通过三个阶段，在双方的力量对比上，中国必将从劣势到平衡到优势，而日本必将由优势到平衡到劣势。《论持久战》回答了人们最为关心而一时又看不清楚的问题，使人们对战争的发展过程和前途有了一个清晰的了解，大大提高了坚持抗战的信心和增强了抗战必胜的信念。

　　1939 年 8 月 4 日，周恩来在一次政治局会议上的发言中转述了一位外国记者对《论持久战》的评论："不管他们对于共产党的看法怎样，以及他们所代表的是谁，大部分的中国人现在都承认毛泽东正确地分析了国内和国际的因素，并且无误地描绘了未来的一般轮廓。"① 《论持久战》不仅对共产党及其领导的八路军和新四军在抗日战争中有着重要的指导意义，而且对国民党将领也产生不小的影响。② 据长期担任李宗仁幕僚的程思远回忆说："毛泽东《论持久战》刚发表，周恩来就把它的基本精神向白崇禧作了介绍。白崇禧深为赞赏，认为这是克敌制胜的最高战略方针。后来白崇禧又把它向蒋介石转述，蒋也十分赞成。在蒋介石的支持下，白崇禧把《论持久战》的精神归纳成两句话：'积小胜为大胜，以空间换时间。'并取得了周公的同意，由军事委员会通令全国，作为抗日战争中的战略指导思想。"一篇文章具有如此强大的说服力量和震撼人心的力量，在历史上是少有的。③

为了使世界友好国家和人民了解中国的抗战，周恩来把《论持久战》的书稿从武汉寄到香港，委托宋庆龄找人翻译成英文出版，向海外发行。毛泽东很重视这件事，专门为英文本写了序言，他希望此书能在世界各国唤起若干同情，既是为了中国的利益，也为了世界的利益。在海外，《论持久战》同样获得了高度评价。④

---

① 金冲及主编：《毛泽东传（1983—1949）》（下），中央文献出版社 1996 年版，第 494 页。

② 中国延安干部学院编：《党中央在延安 13 年》，中央文献出版社 2010 年版，第 23 页。

③ 中国延安干部学院编：《党中央在延安 13 年》，中央文献出版社 2010 年版，第 23 页。

④ 王绍军、张福兴：《延安统帅部》，解放军出版社 2005 年版，第 94 页。

◎ 中共六届六中全会

六届六中全会前的路线之争。在洛川会议上，毛泽东就指出：要坚持统一战线，巩固和扩大统一战线；同时要保持共产党在政治上、组织上的独立性，汲取 1927 年大革命失败的教训，对国民党的反共倾向保持高度的警觉性。1937 年 8 月 27 日，中央政治局常委座谈会讨论了毛泽东提出的国共关系中更深层次的问题：在统一战线中，是共产党吸引国民党，还是国民党吸引共产党？毛泽东说：在统一战线的长期过程中，国民党有计划地从各方面影响和吸引共产党和红军，我们要提高政治警觉性，要使农民和小资产阶级跟随我党走。国民党内有些人动摇于国共两党之间，这对于我们吸引国民党是有利的，共产党吸引国民党的条件是存在的。"两党互相吸引的问题，要在斗争中来解决。"[1] "在统一战线中，是无产阶级领导资产阶级呢，还是资产阶级领导无产阶级？是国民党吸引共产党呢，还是共产党吸引国民党？在当前的具体的政治任务中，这个问题即是说：把国民党提高到共产党所主张的抗日救国十大纲领和全面抗战呢，还是把共产党降低到国民党的地主资产阶级专政和片面抗战？"[2] "必须尖锐地提出谁领导谁的问题，必须坚决地反对投降主义。"[3] 否则，中国共产党和它所领导的军队就可能被国民党吸引过去，被溶化或消灭掉，中华民族抗日战争的胜利前途也会被葬送掉。这个报告在党内引起了很大

① 金冲及主编：《毛泽东传（1893—1949）》（下），中央文献出版社 1996 年版，第 466 页。
② 《毛泽东选集》（第 2 卷），人民出版社 1991 年版，第 391 页。
③ 《毛泽东选集》（第 2 卷），人民出版社 1991 年版，第 392 页。

震动。

然而，1937年11月29日，事情发生了波折。中共驻共产国际代表王明回到延安，贯彻共产国际关于中国抗战的"新政策"。王明在12月9日至14日召开的中共中央政治局会议上（即"十二月会议"）作了《如何继续全国抗战与争取抗战胜利呢?》的报告，虽然在坚持抗战和国共合作方面发表了一些正确的意见，但重点是对洛川会议以来中共中央在统一战线问题上的许多正确观点和政策提出批评。他否定国共两党抗战路线的原则分歧，否认统一战线中党的独立自主的原则，轻视共产党领导的游击战争和人民军队及敌后抗日根据地的作用，认为离开国民党就不能战胜日本。由于王明说他是传达共产国际和斯大林的指示，这就使得许多与会者产生盲目信赖，一时无法分清是非。许多人以为自己错了，作了自我批评。有些人根据王明提出的很多错误的或片面的观点，总结检查过去统一战线工作的得失，承认有"狭隘观念"和"不策略"的地方。张闻天、刘少奇等则阐明了自己对一些问题的看法。刘少奇先后三次发言，结合华北的情况指出："我们所说的独立自主，不是破坏统一战线，而是尽量争取合法地位去进行工作。发展民众运动，动员千百万群众参加抗日，是争取抗战胜利的基本条件。"毛泽东在会上的处境十分困难，在11日、12日的两次发言中，重申并坚持洛川会议确定的方针和政策。他说：统一战线的总方针要适合于团结御侮。在同一战线中，"和"与"争"是对立的统一。对王明的一些错误批评，毛泽东作了基本的辩白和正面的阐述。他强调："抗日战争总的战略方针是持久战。红军的战略方针是相对集中指挥的独立自主的山地游击战，在有利条件下打运动战"，"洛川会议决定的战略方针是对的"。① 由于毛泽东等人的抵制，这次会议没有展开对分歧意见的讨论，也未就王明的主张形成决议。毛泽东、刘少奇、朱德等在总结敌后抗日游击战争的实践经验时，对抗日游击战争的战略方针作出了理论概括，批驳了王明的错误主张。这些工作使王明右倾错误的影响被限制在局部范围内，并较快地得以纠正。

▲1938 年毛泽东与周恩来、任弼时在延安

1938 年 3 月，中共中央政治局会议决定派任弼时为代表去莫斯科，向共产国际交涉军事、政治、经济等问题，说明中国抗战和国共两党关系的情况，争取共产国际的支持和支援。任弼时代表中共中央向共产国际提交的《中国抗日战争的形势与中国共产党工作与任务》的报告，使共产国际领导人对中国的实际情况和中共的政策有了较多的了解，表示以毛泽东为首的

①　逄先知主编：《毛泽东年谱（1893—1949）》（中卷），人民出版社、中央文献出版社1993 年版，第41 页。

中共中央的政治路线是正确的。1938 年 7 月，共产国际派王稼祥回国传达共产国际的指示。任弼时接替王稼祥担任中共驻共产国际代表团团长，8 月初，王稼祥历经艰险带着共产国际的新指示，回到延安。9 月 14 日至 27 日，中共中央专门召开了一次政治局会议。会上王稼祥作报告，传达共产国际的最新指示。共产国际认为，中国共产党一年来建立了抗日民族统一战线，尤其是毛泽东、朱德等领导的八路军、新四军执行了党的新政策。共产国际认为中共的政治路线是正确的，中共在复杂环境及困难条件下，真正运用了马列主义。在当前，中共中央要以毛泽东同志为首解决统一领导问题，领导机关中要有亲密团结的空气。他特别说明：这是共产国际主席季米特洛夫在他临走时的特别嘱咐。当时，中国共产党还是共产国际的一个支部，党内对共产国际指示神圣化的倾向还没有破除。共产国际的指示为六届六中全会的胜利召开扫除了障碍。

六届六中全会召开。1938 年 9 月 26 日，中共中央政治局决定了六届六中全会的三项议程：一、张闻天主持开幕式，二、王稼祥传达共产国际指示，三、毛泽东作政治报告。

9 月 29 日，党的六届六中全会在延安桥儿沟教堂召开。29 日，张闻天致六届六中全会开幕词。王稼祥向全会传达了共产国际和季米特洛夫的指示。

10 月 12 日下午，13 日下午，14 日下午和晚上，毛泽东代表中共中央政治局作政治报告，题目是《抗日民族战争与抗日民族统一战线发展的新阶段》，报告共八个部分：一、五中全会到六中全会；二、抗战十五个月的总结；三、抗日民族战争与抗日民族统一战线发展的新阶段；四、全民族的当前紧急任务；五、长期战争与长期合作；六、中国的反侵略

▲参加中共六届六中全会的部分领导人合影。前排左起：康生、毛泽东、王稼祥、朱德、项英、王明；后排左起：陈云、博古、彭德怀、刘少奇、周恩来、张闻天。

战争与世界的反法西斯运动；七、中国共产党在民族战争中的地位；八、召集党的七次代表大会。报告指出：在将来武汉不守的情况下，抗日战争的形势将出现许多新的情况，过渡到一个新的阶段——战略相持阶段。报告强调全党要普遍地深入地学习和研究马克思列宁主义理论，把马克思列宁主义同中国的具体特点相结合，反对教条主义。他说："使马克思主义在中国具体化，使之在其每一表现中带着必须有的中国特性，即是说，按照中国的特点去应用它，成为全党亟待了解并亟须解决的问题。"① 会议的最后两天，毛泽东作总结，着重讲了统一战线问题及战争、战略问题。全会通过了《中共扩

---

① 逄先知主编：《毛泽东年谱（1893—1949）》（中卷），人民出版社、中央文献出版社 1993 年版，第 92 页。

大的六中全会政治决议案》，批准了以毛泽东为核心的中央政治局的路线。全会完全赞同毛泽东对十五个月来抗战经验的总结和对当前形势的科学分析。全会重申了全党应把主要工作放在战区和敌后，独立自主地放手组织人民抗日武装斗争的方针。

全会上，周恩来作了统一战线工作报告，朱德作了八路军工作的报告，张闻天作了组织工作的报告，刘少奇作了北方局工作的报告，项英、陈云也作了报告，彭德怀、博古、贺龙、杨尚昆、关向应、邓小平、彭真、罗荣桓、林伯渠、吴玉章等分别就抗战十五个月的经验作了发言。到会的中央委员和候补中央委员共 17 人，各地区各单位负责同志 36 人。毛泽东、王稼祥、王明、康生、周恩来、朱德、彭德怀、博古、刘少奇、陈云、项英、张闻天被选举为全会主席团成员。

全会上针对王明无视党中央、违反党的纪律的问题，毛泽东在会上重申了党的纪律：个人服从组织，少数服从多数，下级服从上级，全党服从中央。全会决定撤销王明把持的长江局，设立南方局以周恩来为书记；设立中原局，以刘少奇为书记；改东南分局为东南局，仍以项英为书记；充实北方局，以杨尚昆为书记。

六届六中全会基本上纠正了抗战初期王明的右倾错误，再次强调了中国共产党必须独立自主地领导人民进行抗日战争，从而进一步统一了全党的思想和步调。通过这次会议，毛泽东的正确主张得到绝大多数同志的理解和拥护，进一步确定了毛泽东在全党的领导地位。

六届六中全会是距 1934 年五中全会之后、时隔四年多才召开的一次中央全会，也是 1928 年六大以来到会人数最多的一次中央全会。

　　毛泽东后来在七大上总结历史经验，感慨地说："六中全会是决定中国之命运的。"①

◎ 敌后抗日游击战争

　　1937 年 8 月下旬起，改编后的八路军陆续东渡黄河，挺进山西前线，在战役上配合国民党军作战。毛泽东敏锐地觉察到蒋介石把八路军分散配置并指定作战区域是一个削弱八路军的阴谋。毛泽东根据局势的发展，决定将八路军 115、120、129 师分别部署在晋东北、晋西北、晋南，统一领导、相互策应，避免因力量分散而遭遇不测。作战区域的正确部署对八路军挺进华北敌后实行战略展开，合理布局，创建敌后抗日根据地，产生了极为深远的意义。这几个战斗区域后来成为八路军在山西敌后坚持抗战的主要支撑点。

▲1937 年 9 月 6 日，八路军总部由陕西三原县云阳镇出发，东渡黄河，开赴抗战前线。

---

① 《毛泽东文集》（第三卷），人民出版社 1996 年版，第 359 页。

从运动战到游击战，实行这样重大的战略转变，必然不会一帆风顺。这不仅因为，红军在过去的几年里已经习惯于打运动战，一时不容易改变过来；还因为抗日战争爆发后，不少人对战争的长期性和艰巨性认识不足，急于想打一些大仗，因而不同意打游击战，主张以运动战为主，搞大兵团作战。9月25日，八路军115师主力在平型关乔沟附近伏击歼灭日军1000余人，击毁汽车100余辆，缴获一批辎重和武器。平型关战斗是华北战场上八路军主动寻歼敌人的第一个大胜仗，它打破了日军不可战胜的神话，振奋了全国人心，提高了共产党和八路军的威望。因为日军的战斗力较强和八路军的武器装备较差，平型关伏击战中八路军伤亡600多人，而且大都是经过长征身经百战的红军将士。① 在平型关战斗前，毛泽东同意前方提出的以一个旅集中、相机歼敌、暂不分散的意见。他多次致电前方，提醒林彪和115师负责同志要以最大的决心实现这个战略转变，应该开展真正独立自主的山地游击战（不是运动战）。当平型关战斗胜利的喜讯传到延安后，毛泽东立即致电前方庆贺胜利，并根据这次战斗的经验，又进一步明确地提出了八路军作战的根本方针是争取群众，组织群众的游击战。在这个总方针下，实行有条件的集中作战。经过平型关战斗，林彪等指战员对集中主力打运动战不适合当前战场情况及国民党的不配合作战有了清醒认识，同时也加深了对游击战争战略地位的认识。

1937年11月8日，太原失守，华北战局由此发生了一个根本变化：以国民党为主体的正规战争已经结束，以共产党为主体的敌后游击战争上升到主要地位。八路军的主要任务是独

---

① 王绍军、张福兴：《延安统帅部》，解放军出版社2005年版，第58页。

立自主地放手发动群众，积极开展山地游击战争，在敌后广大乡村普遍建立起抗日根据地。八路军各师按照党中央的精心部署，首先在山西的东北、西北、东南、西南四个角实施战略展开，1938 年 4 月以后又大幅度分兵，向河北、豫北平原、山东、冀热边和绥远等华北广大敌后区域发展游击战争，开辟广大的敌后战场，先后创建了晋察冀、晋西北和大青山、晋冀豫、晋西南、冀鲁边、山东抗日根据地。与此同时，新四军以皖南为依托，向苏南、皖中、豫东发展，开展抗日游击战争和创建华中抗日根据地。到 10 月，八路军、新四军与日、伪军作战 1600 余次，毙伤俘敌 5.4 万人；八路军发展到 15.6 万余人，新四军发展到 2.5 万余人，敌后抗日根据地（包括游击区）总人口达 5000 万人以上。①

▲1938 年 4 月，八路军完成了战略展开，创建了晋察冀、晋东南、晋西北和晋西等抗日根据地。图为聂荣臻等率部向五台山区进军。

---

① 中国延安干部学院编：《党中央在延安 13 年》，中央文献出版社 2010 年版，第 20 页。

中国共产党领导下的敌后抗日游击战争，不仅配合了国民党军队在正面战场的作战，直接给予日本侵略者以有力打击，而且迫使日军将原先用于进攻的大量兵力转用于其占领区，敌后游击战的广泛开展对促使日军停止战略进攻，稳定全国战局，使抗日战争由战略防御阶段转入战略相持阶段起到重要作用。抗日战争转入战略相持阶段后，日本、国民党和共产党三方面的力量和相互之间的关系，都发生了重要变化，呈现出异常复杂的局面。针对中国各党派政治力量对抗战的不同态度，日本政府对国民党由军事打击为主逐渐转变为政治诱降为主，日本作战的主攻方向也由对国民党的正面战场逐渐转向对共产党的敌后战场。随着日本对华政策的这种改变，国民党面对共产党领导的抗日武装力量的壮大和抗日民主根据地的发展，其政策的重点也由对外逐渐转向对内。10 月，日本侵略者占领武汉以后，他的作战重心指向共产党。①

根据共产党的六届六中全会决定的"巩固华北，发展华中"的战略部署，中共中央军委决定：八路军 115 师主力挺进山东，120 师主力进入冀中，129 师主力进入冀南、冀鲁豫等平原地区，帮助和配合地方党组织，放手发动群众，广泛深入地开展群众性游击战争，大力发展人民抗日力量，巩固和扩大抗日民主根据地。1940 年 2 月 10 日，中共中央和中央军委规定八路军、新四军的战略任务是：粉碎敌人的"扫荡"，坚持游击战争，打败投降派和顽固派的进攻，将华北、华中连接起来，建设民主的抗日根据地，巩固抗日民族统一战线，争取时局好转。

---

① 荣孟源：《国贼蒋介石》，生活·读书·新知三联书店 1950 年版，第 106 页。国民党制造了一次又一次的反共武装摩擦事件，全国团结抗战的局面出现了新的危机。

　　中国共产党领导下的八路军、新四军深深扎根于人民群众之中，以分散游击的方式，在敌后广大地区进行无数次天天进行、处处发生的小战斗，用实际的事实回答了国民党针对共产党的诬蔑。百团大战中，先后有 105 个团约 20 余万人，从 1940 年 8 月 20 日起到 1941 年 1 月下旬，作战 1824次，毙伤日、伪军 2058 人，俘虏 1.8 万人；[①] 1939 年 11 月初，晋察冀部队在 120 师部队的配合下，在河北省涞源县雁宿崖、黄土岭成功地进行了伏击围歼战，两战共歼敌 1500 余人，打死日本独立混成第二旅团旅团长阿部规秀中将等。毛泽东在 11 月底就在黄土岭击毙日军中将一事致电八路军总部、新四军军部、晋察冀军区、中共驻重庆、西安、桂林办事处，指出："此消息总部应向各方公布，广为宣传。""重庆及各方应在报纸上作文，鼓吹八路军游击战争的威力，粉碎游而不击之诬言。"[②] 八路军的敌后游击战争对推迟日军"南进"时间，支持正面战场，遏制妥协投降暗流，争取时局好转具有重要的战略意义。新四军根据"向北发展，向东作战，巩固现在阵地的方针"，展开于南京、上海、武汉、徐州、开封外围，建立了皖东、豫苏皖、皖东北、苏北等抗日根据地，扩大了苏南、皖中根据地，沟通了华北与华中抗日根据地的联系。敌后抗日游击战争不仅牵制了大量日军，有力地配合了正面战场的作战，而且积小胜为大胜，逐步消灭日军的有生力量，并使人民抗日力量在战斗中成长壮大起来。从全国抗战开始到 1940 年，是中国人民抗日力量大发展

---

　　① 中共中央党史研究室编：《中国共产党历史大事记》，人民出版社 2011 年版，第 41 页。

　　② 逄先知主编：《毛泽东年谱（1893—1949）》（中卷），人民出版社、中央文献出版社 1993 年版，第 144 页。

的时期，中国共产党领导的武装部队由抗战开始时的 5 万多人发展到 50 万人，此外还有大量地方武装和民兵。除陕甘宁边区外，在华北、华中和华南建立了十六块抗日民主根据地。这些根据地（包括游击区）共拥有近 1 亿人口，成为全国抗战的重心。[①]

▲新四军创建华中敌后抗日根据地，这是新四军第二支队全体将士举行抗日誓师大会。

◎ 皖南事变

国民党在第一次"反共"高潮中，不仅没有消灭八路军，而且八路军还继续壮大，国民党急切地想要进行报复，于是开始谋划第二次军事反共行动。蒋介石命令第三战区司令长官顾

① 中国延安干部学院编：《党中央在延安 13 年》，中央文献出版社 2010 年版，第 36 页。

祝同、第五战区副司令长官李品仙、第三十一集团军总司令汤恩伯、苏鲁战区副总司令韩德勤等部向华中新四军发动大举进攻。

1940 年 4 月初，蒋介石要求朱德、周恩来前往重庆，谈判解决华中问题；同时，顾祝同也邀请新四军政治部主任袁国平，赴上饶第三战区司令部商讨新四军活动区域问题。

5 月 4 日，毛泽东为中共中央起草了给东南局及新四军的长篇指示——《放手发展抗日力量，抵抗反共顽固派的进攻》，其中对项英提出了尖锐的批评。接到中央的"五四指示"后，陈毅、粟裕立即执行，北渡长江，挺进苏北，打破了国民党在苏南地区围歼新四军的阴谋。但是，位于皖南的新四军军部及三支队，由于项英固执己见，迟疑不决，没有及时东出苏南同陈毅部会合，结果丧失了转移的有利时机。特别是项英对国民党军可能发动的突然袭击仍然估计不足，不做应对准备，使得皖南新四军军部陷入愈来愈危险的境地。周恩来分别于 5 月底、8 月下旬两次赴重庆展开谈判工作，以期延缓反共战争爆发时间和争取苏、英、美等国家向国民党施加压力。叶挺对于中央的指示衷心拥护，他曾以自己和项英的名义致电毛泽东、朱德，表示要将大批工作人员疏散到封锁线以外，并将部分物资经苏南运至苏北以迷惑对方，然后部队突然由现地渡江，转移到皖北。

1 月 4 日，顾祝同根据蒋介石"一网打尽，生擒叶项"的命令，调集七个师 7 万多人的兵力，在皖南新四军转移的道路上设下重重埋伏，对新四军形成了包围之势。1 月 7 日拂晓，新四军主要领导军长叶挺、副军长项英、东南局副书记饶漱石、政治部主任袁国平、副参谋长周子昆带领新四军军部及直属的一个教导团、一个特务团和一、二、三支队的

▲1941 年 1 月，皖南事变发生前途经安徽泾县茂林的新四军。

各两个团，共 9000 余人，行至泾县茂林地区时，遭到国民党的猛烈袭击。新四军被迫自卫反击，仓促迎战。这就是皖南事变。

事变发生后，因为通信一时中断，直到三四天后毛泽东才得到确实消息。

1 月 13 日，中共中央以朱德、彭德怀、叶挺、项英名义发出通电，抗议国民党的罪恶行径："我八路军新四军前受日寇之扫荡，后受国军之攻击，奉命移防者则遇聚歼，努力抗战者则被屠杀，是可忍，孰不可忍！"出于解救新四军的焦急心情，1 月 14 日，中共中央、中央军委决定："在政治上军事上迅即准备做全面大反攻，救援新四军，粉碎反共高潮。"此前两天，刘少奇、陈毅曾向中央建议：山东八路军包围沈鸿烈部，苏北新四军包围韩德勤部，以与国民党交换。毛泽东复电同意：

"苏北准备包围韩德勤，山东准备包围沈鸿烈，限十天内准备完毕，待命攻击。"14日，中央在给彭德怀、左权、刘少奇、陈毅、周恩来等人的电报中指出，如皖南新四军被消灭，我应坚决、彻底、干净、全部消灭韩德勤、沈鸿烈部，彻底解决华中问题。但是，这一情急之中作出的决定没有来得及实施。至14日，被围的新四军弹尽粮绝战败，最后仅有近2000名官兵冲出重围，其余大部被俘被杀。叶挺在与国民党谈判的时候被扣押，项英、袁国平、副参谋长周子昆等三人被副官刘厚总叛变杀害。①

1月15日，中央政治局召开会议，检讨这次新四军失败、遭受重大损失的原因。在这次会上，毛泽东冷静地分析局势，提出要实行全国的政治反攻，只有不怕决裂才能打退国民党的进攻。同时他又指出不能马上与国民党打内战。中共中央迅速确定了方针：在政治上取猛烈攻势，而在军事上暂时取守势。

17日，蒋介石发布命令，宣布新四军是叛军并取消番号，把叶挺交付军事法庭审判。第二次反共高潮达到了顶点，国共关系处于极度紧张状态。

同日晚上，当得知国民党发布取消新四军的反动命令后，周恩来致电何应钦，痛斥何应钦是中华民族的千古罪人，赶到国民党谈判代表张冲处，当面提出质问和抗议。返回红岩八路军办事处后，周恩来又连夜为皖南事变写了题词和挽诗，决定在第二天的《新华日报》上发表。当时，国民党实行严格的新闻检查制度，凡有关皖南事变的消息和报道一律扣押，不准发表。报社通过技术手段，《新华日报》在18日的报纸上赫然

---

① 刘红：《蒋介石大传》（下），中国华侨出版社2011年版，第364页。

刊登着周恩来"为江南死国难者志哀。"的题词和"千古奇冤，江南一叶，同室操戈，相煎何急！"一首挽诗。

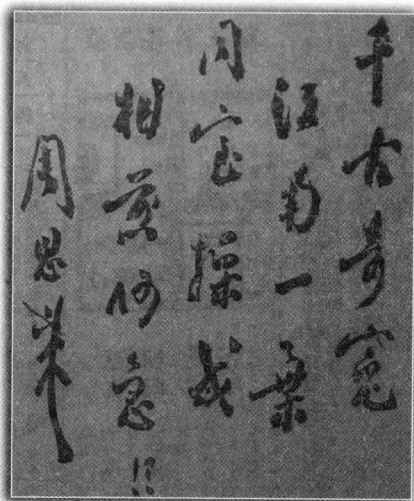

▲皖南事变发生后，周恩来在《新华日报》发表的挽诗。

20 日，中共中央政治局再次召开会议，讨论对付时局的办法，作出了三项重大决策：成立中央军委主席团，由毛泽东、朱德、彭德怀、周恩来、王稼祥五人组成，军委实际工作由主席团办理；要求国民党取消 17 日关于撤销新四军番号的命令，宣布重建新四军军部；由毛泽东以中央军委发言人的身份发表谈话，披露皖南事变的真相，阐明我们的立场和解决的方法。

当天，中共中央革命军事委员会在延安发布重建新四军军部的命令，任命陈毅为国民革命军新编第四军代理军长，张云逸任副军长，刘少奇为政治委员，赖传珠为参谋长，邓子恢为政治部主任。随后，军部在苏北盐城宣布成立，陈毅等将领通电就职，并将全军整编为七个师和一个独立旅，共 9 万多人，继续在大江南北坚持敌后抗战。

同日，毛泽东以中共中央革命军事委员会发言人名义对新华社记者发表谈话，揭露了国民党当局的反共阴谋，指出皖南事变是酝酿已久的反共事件。

毛泽东向国民党提出了解决事变的十二条善后办法：第一，悬崖勒马，停止挑衅；第二，取消 1 月 17 日的反动命令，并宣布自己是完全错了；第三，惩办皖南事变的祸首何应钦、顾祝同、上官云相三人；第四，恢复叶挺自由，继续充当新四军军长；第五，交还皖南新四军全部人枪；第六，抚恤皖南新四军全部伤亡将士；第七，撤退华中的"剿共"军；第八，平毁西北的封锁线；第九，释放全国一切被捕的爱国政治犯；第十，废止一党专政，实行民主政治；第十一，实行三民主义，服从《总理遗嘱》；第十二，逮捕各亲日派首领，交付国法审判。毛泽东提出的这十二条善后办法，合情合理，不仅受到全党一致拥护，而且得到党外人士的高度评价。爱国民主人士宋庆龄、何香凝、柳亚子等人在香港发起抗议运动，谴责当局对新四军的迫害，强烈要求释放叶挺军长。冯玉祥更是仗义执言："只有共产党的十二条，国事才能解决。"由于共产党的强大政治攻势，加上苏、美、英不断对国民党施加压力，蒋介石突然发现自己陷入了内外交困、空前孤立的狼狈境地。

蒋介石为减轻国内外各方面的责难，摆脱政治上孤立的困境，一再邀请共产党参政员出席 3 月 1 日召开的第二届国民参政会，以图粉饰国共间的紧张关系。由于蒋介石拒不答应中共提出的条件，中共参政员没有出席本次参政会。迫于外界压力，3 月 8 日，蒋介石还被迫出马，作《中共七参议员不出席参政会之理由》的报告，表示以后决无"剿共"事情发生，间接表示愿意部分接受中共提出的两个"十二条"。①

第二次反共高潮在中共以血的教训和代价中被击退，国共关系又开始走向一定程度的缓和。

延安精神凸显　战胜严重困难

◎ 新民主主义论

1940 年 1 月 9 日，陕甘宁边区文化协会第一次代表大会在延安隆重召开。在这次大会上，毛泽东作了长篇演讲《新民主主义的政治与新民主主义的文化》。2 月 15 日，毛泽东的演讲稿刊登在延安出版的《中国文化》创刊号上。20 日，在《解放》第 98、99 期合刊上发表时，毛泽东将题目改为《新民主主义论》。[①] 这是毛泽东最有影响的代表作之一，第一次鲜明地提出了新民主主义的完整理论，并对它作了系统的说明。这标志着以毛泽东为代表的中国共产党人，在总结中国革命实践的基础上，经过长期的思考和探索而逐步形成了新民主主义理论。

抗战爆发以来，中国共产党以公开合法的姿态走上全国政治生活的舞台，受到人们越来越密切的关注。国民党在掀起反共军事摩擦和高潮的同时，开动所有宣传机器，使劲地鼓吹"一个主义""一个政党""一个领袖"的专制主义，大肆贩卖反共理论，叫嚣"共产主义不适合中国国情""共产党不需要

---

① 逄先知主编：《毛泽东年谱（1893—1949）》（中卷），人民出版社、中央文献出版社 1993 年版，第 157 页。

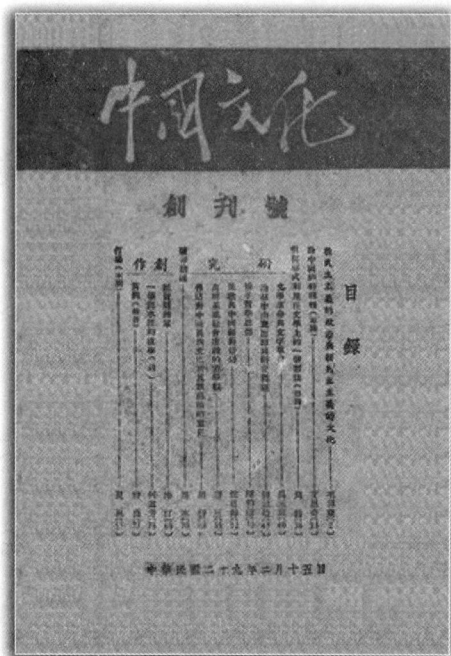

▲《中国文化》创刊号

存在"。① 蒋介石企图通过抗战坚持国民党一党专制的独裁统治，把"中国向何处去"的问题，十分尖锐地提到每一个关心国家命运的人们面前。在当时，民族资产阶级有些代表虽然对国民党的独裁统治和抗战不力表示不满，又对共产党的主张和抗日战争的前途，也抱有忧虑。有些人还企图在国共两党的政治主张之外，另走一条道路，想在中国建立欧美式的资产阶级共和国。针对国民党的反共言论和民族资产阶级的观望，中国共产党通过坚持独立抗战，旗帜鲜明地提出自己区别于其他

---

① 中国延安干部学院编：《延安时期大事记》，中央文献出版社 2010 年版，第 195 页。

政党的政治主张，把各战线的人团结和吸引到共产党的大旗下来。在中国，事情非常明白，谁能领导人民推翻帝国主义和封建势力，谁就能取得人民的信任，因为人民的死敌是帝国主义和封建势力，而特别是帝国主义。在当时，谁能领导人民驱逐日本帝国主义，并实施民主政治，谁就是人民的救星。历史已经证明：中国的资产阶级是不能尽此责任的，这个责任就不得不落在无产阶级的肩上。①

在 1919 年五四运动前，中国的无产阶级还没有作为一个觉悟了的独立的阶级力量登上政治的舞台，参加中国民主革命的是小资产阶级和资产阶级的追随者。五四运动以后，虽然中国民族资产阶级继续参加革命，但是中国民主革命的政治指导者，已经不属于中国资产阶级，而是属于中国无产阶级了。这时的无产阶级已经成为一个独立的政治力量。② 从中国共产党建党到抗战，以毛泽东为代表的中共中央，已经能够将马克思主义同中国新民主主义革命的具体实践结合起来，能够系统地回答中国新民主主义革命，尤其是抗日战争的一系列基本问题，将党关于现阶段民主革命的理论和纲领这面大旗更加鲜明地举起来。毛泽东后来曾说，在抗日战争前夜和抗日战争时期，他写了一些论文，替中央起草过一些关于政策、策略的文件，这些都是革命经验的总结。"那些论文和文件，只有在那个时候才能产生，在以前不可能，因为没有经过大风大浪，没有两次胜利和两次失败的比较，还没有充分的经验，还不能充分认识中国革命的规律。"③ 这就是新民主主义理论在这时系

① 《毛泽东选集》（第 2 卷），人民出版社 1991 年版，第 674 页。
② 《毛泽东文集》（第 2 卷），人民出版社 1991 年版，第 673 页。
③ 《毛泽东文集》（第 8 卷），人民出版社 1999 年版，第 299 页。

统地提出来的历史背景。

新民主主义革命的目标是建立新民主主义的社会制度。毛泽东在他的一系列著作中描绘了新民主主义社会制度的蓝图，提出了新民主主义的三大纲领。新民主主义的政治纲领，就是推翻帝国主义和封建主义的压迫，在中国建立一个以无产阶级为领导的、以工农联盟为基础的各革命阶级联合专政的民主共和国，这就是新民主主义的共和国。经济纲领就是没收操纵国计民生的大银行、大工业、大商业，建立国营经济；没收地主土地，归农民所有，并引导农民发展合作经济；容许民族资本主义经济的发展和富农经济的存在。这就是新民主主义的经济。文化纲领就是废除封建买办文化，发展民族的科学的大众的文化，这就是新民主主义的文化。新民主主义革命就是要建立这样一个新民主主义社会。

新民主主义革命是以共产主义思想为指导的。共产主义有两个含义，一个是思想体系，一个是社会制度。从社会制度来说，必须把新民主主义和社会主义、共产主义分开。但现时的中国革命不能离开无产阶级的领导，也就不能不以共产主义思想体系为指导，否则，就不能保证反帝反封建的政治革命和文化革命的胜利。中国革命不能离开无产阶级的领导，但在中国这样复杂的环境中，无产阶级怎样才能实现领导权？毛泽东在《共产党人发刊词》中作了全面的论述："也就是说，十八年的经验，已使我们懂得：统一战线，武装斗争，党的建设，是中国共产党在中国革命中战胜敌人的三个法宝，三个主要的法宝。"[1] 关于这三者之间的相互关系，他指出："统一战线和武装斗争，是战胜敌人的两个基本武器。统一战线，是实行武装

---

① 《毛泽东选集》（第2卷），人民出版社1991年版，第606页。

斗争的统一战线。而党的组织，则是掌握统一战线和武装斗争这两个武器以实行对敌冲锋陷阵的英勇战士。"[①] "正确地理解了这三个问题及其相互关系，就等于正确地领导了全部中国革命。"[②] 这是对党18年斗争历程和经验的重要总结，中国革命的这些经验成为新民主主义理论体系的重要组成部分。新民主主义这个重大理论问题的提出，使全党对中国现阶段革命的性质、内容、领导权和发展前途有了明确而完整的认识，解决了在半殖民地半封建的中国怎样夺取革命胜利和怎样发展到社会主义的根本问题。毛泽东对新民主主义理论的完整论述，标志着马克思列宁主义基本原理同中国革命具体实践相结合的毛泽东思想有了进一步的发展。新民主主义理论是共产主义思想体系的一个重要组成部分，是对马克思列宁主义的丰富和发展。这一理论使广大党员和人民群众清楚地看到中国革命的发展规律和前景，极大地鼓舞了他们的抗战必胜的信心和抗战到底的决心。

《新民主主义论》的发表，标志着马克思主义同中国革命实践相结合的毛泽东思想已经日见成熟，在党内外引起重大的反响。由于新民主主义理论的形成，新民主主义这面大旗从此在中国高高地竖立起来。

◎ "三三制" 原则

中共中央所处的陕甘宁边区是各抗日根据地的政治指导中心、抗战大本营和战略总后方。中国共产党为团结全国各种抗

---

① 《毛泽东选集》（第2卷），人民出版社1991年版，第613页。
② 《毛泽东选集》（第2卷），人民出版社1991年版，第605—606页。

日力量，创造性提出了抗日根据地实行"三三制"政权建设的政策。"三三制"（即在抗日民主政权中，共产党员、左派进步分子、中间分子及其他分子各占三分之一）是边区政权建设的一项重要原则。在特殊战争时期在党中央的直接领导下，陕甘宁边区建设成了全国最进步的地方。"这里是民主的抗日根据地。这里一没有贪官污吏，二没有土豪劣绅，三没有赌博，四没有娼妓，五没有小老婆，六没有叫化子，七没有结党营私之徒，八没有萎靡不振之气，九没有人吃磨擦饭，十没有人发国难财"①。毛泽东指出"边区的作用，就在做出一个榜样给全国人民看"②。陕甘宁之所以成为全国最进步的地方，是党中央正确领导的结果，是实行"三三制"的结果。

1939年1月17日至2月4日，陕甘宁边区第一届参议会在延安召开。会议通过了林伯渠所作的边区政府工作报告，制定了《陕甘宁边区抗战时期施政纲领》以及边区政府组织条例、选举条例、参议会组织条例等。经过民主选举，选出高岗为边区参议会议长，张邦英为副议长，林伯渠为边区政府主席，高自立为副主席，雷经天为边区高等法院院长。

1940年3月，毛泽东根据陕甘宁边区第一届参议会和边区政府负责人全部是中共党员的状况，在为中共中央起草《抗日根据地的政权问题》中正式提出"三三制"原则，并要求在陕甘宁边区部分区县首先试行。由于三三制的选举在当时是一种创作，在相当一部分党员和干部中，对三三制的认识是不统一的。"党员三分之一，进步分子三分之一，中间分子三分之一"，这个正确原则的认识，当时在干部中并不普及。一部分

---

① 《毛泽东选集》（第2卷），人民出版社1991年版，第718页。
② 《毛泽东文集》（第2卷），人民出版社1993年版，第131页。

党员和干部间还存在有不正确的看法："共产党三分之一，国民党三分之一，无党无派三分之一"或"共产党三分之一，非共产党三分之二"，还有以为是"共产党三分之一，国民党三分之一，哥老会三分之一"。①

▲陕甘宁边区第一届参议会合影

1941 年 5 月 1 日，中共陕甘宁边区中央局发布了经中共中央政治局批准的《陕甘宁边区施政纲领》。对"三三制"原则等二十一条施政纲领作了明确规定，在政权建设方面，把"三三制"原则第一次以"法"的形式确定下来。边区的参议会制，实际上是后来的人民代表大会制度的雏形，保证了边区各抗日阶级、阶层人民实现自己的民主权利。陕甘宁边区的民主选举在党中央的指导下，于 1939 年、1941 年和 1946 年举行过

---

① 中央档案馆等编著：《陕甘宁边区抗日民主根据地》（文献卷·下），中央党史资料出版社 1990 年版，第 136 页。

三次。凡居住边区年满18岁，只要赞成抗日又赞成民主的中国人，不分阶级、民族、男女、信仰、党派和文化程度，均有选举权和被选举权。[①] 在投票中，群众创造了投豆豆、画圈圈、燃香在选票上烧眼眼等办法，行使自己的民主权利，培养"咱们大家来当家"的民主意识。"三三制"原则确定后，党内仍有不少干部想不通，有抵触情绪，并担心流血牺牲闹革命、打土豪分田地建立起来的政权，我党只占三分之一的人数，担心会失去政权。毛泽东为此做了大量的说服工作。毛泽东说："国事是国家的公事，不是一党一派的私事。因此，共产党员只有对党外人士实行民主合作的义务，而无排斥别人、垄断一切的权利。"[②]

▲"豆豆选"——边区百姓自主选举政府官员

---

① 郭林等主编：《林伯渠与陕甘宁边区》，陕西人民出版社1996年版，第70页。

② 《毛泽东选集》（第3卷），人民出版社1991年版，第809页。

　　1941 年 11 月，陕甘宁边区第二届参议会召开第一次会议，根据"三三制"原则，以无记名投票的方式进行选举，高岗当选为参议会议长，绥德县的开明绅士安文钦当选为副议长，林伯渠当选为边区政府主席，米脂县的开明绅士李鼎铭当选为副主席。会议选出的九名常驻议员中有三名共产党员，边区政府十八名委员中，有共产党员七名，略超过三分之一，共产党员徐特立当即申请退出，然后按得票多少的顺序，改由非党人士白文焕递补为政府委员。1941 年，三三制在县一级选举中普遍建立起来，边区二届参议会后，因陇东及延属各县共产党员所占位置太多，不合三三制，于 1942 年实行改选，或用退出（共产党员）与增聘（非共产党员）办法以调整之。[①] 从1941 年和 1942 年的乡选经验中，可以获得关于乡政权人员分配的规律：（一）乡、市参议会和乡、市政府委员会中，共产党员和进步分子占三分之二以上，中间阶层的开明分子占一部分；（二）乡长中共产党员占大多数，其次为非党进步分子，中间分子中真正公正并愿意接受党领导的人，也可以充任乡长。这规律形式上与三三制有出入，但其基本精神则是三三制的。[②] 朱德评价说："在全国由参议会选举政府，决定施政方针，边区是第一个。"[③]

　　"三三制"的实行，使边区新民主主义的政权建设发展到一个新的阶段，使边区成为民主、进步、模范的抗日根据地。

---

　　① 　中央档案馆等编著：《陕甘宁边区抗日民主根据地》（文献卷·下），中央党史资料出版社 1990 年版，第 141 页。
　　② 　中央档案馆等编著：《陕甘宁边区抗日民主根据地》（文献卷·下），中央党史资料出版社 1990 年版，第 140 页。
　　③ 　朱德在陕甘宁边区第三届第一次参议会上的演说，《解放日报》1946 年 4 月 3日第 1 版。

◎ 精兵简政

"精兵简政"政策的制定和推行，缘于陕北著名的无党派民主人士李鼎铭先生在陕甘宁边区第二届参议会的一个提案。

1941年，抗日战争进入相持阶段以后，陕甘宁边区处于日本帝国主义和国民党顽固派双重军事包围和经济封锁的严重威胁之下。此时边区行政人员已从1938年的1.6万人增至7.3万人，征收的公粮从1938年的1.5万石，1939年的5万石，1940年的9万石，1941年猛增至20万石（后来根据中共中央指示，边区政府研究决定减征公粮4万石，由原来20万石减为16万石）。同时，还发行了救国公债600万元（规定一年内还本息），以弥补财政赤字。加之边区机构庞大，人浮于事，在干部作风方面产生了官僚主义和命令主义的毛病。这种矛盾能否得到及时解决，是关系到抗日根据地能否存在和发展以至整个抗战能否坚持的严重问题。[①] 在敌后抗日根据地，由于敌人的围剿和封锁，加上华北连年的自然灾害，根据地面积缩小，人口下降，财政收入减少，原有的机构和人员显得相当庞大，群众负担过重的问题也逐步暴露出来。

1941年11月，陕甘宁边区第二届参议会第一次会议在延安召开。在会上，毛泽东希望参议员们为减轻群众负担，克服目前困难，坚持长期抗战献计献策，要求共产党员必须倾听党外人士的意见，给别人以说话的机会，鼓励参议员们知无不言，言无不尽。米脂县无党派人士、参议会议长李鼎

---

① 房成祥、黄兆安主编：《陕甘宁边区革命史》，陕西师范大学出版社1991年版，第202页。

铭先生在听了毛泽东在参议会开幕式上的演讲后，被毛泽东的话打动。他根据陕甘宁边区老百姓负担重的实际情况，准备了一个"精兵简政"提案。他在与一些党外参议员交换意见征集签名时，有些民主人士因对共产党能否采纳这个建议有怀疑，曾数度劝阻不要提。但他经过认真的思考，终于顶着不少人的反对意见，和姬伯雄等十一位参议员联名提出了"精兵简政"提案。

▲中共在根据地政权中实行"三三制"原则，加强了各阶层人民的团结，巩固了抗日民族统一战线。图中前排左二为陕甘宁边区政府主席林伯渠，前排左三为副主席民主人士李鼎铭。

提案原文如下：

政府应彻底计划经济，实行精兵简政主义，避免入不敷出、经济紊乱之现象案。

理由：军事政治之建立，必须以经济力量为基础。在今日人民困苦，资源薄弱之状况下，欲求不因经济枯竭而限制军政发展，亦不因军政发展而伤害经济命脉，惟有政府彻底计划经济，实行精兵简政主义，量入为出，制定预算，以求得相依相助，平衡发展之效果。

办法：（一）政府应根据客观物质条件及主观经济需要而提出计划经济，以求全面提高生产力，改善经济条件，加强经济基础。（二）在现有经济基础上，政府应有量入为出的统一的经济计划。（三）在财政经济力量范围内和在不妨碍抗战力量的条件下，对于军事实行精兵主义加强战斗力，以兵皆能战、战必能胜为原则，避免老弱残废滥竽充数等现象。对于政府应实行简政主义，充实政府机构，以人少事精、胜任职责为原则，避免机关庞大，冗员充塞，浪费人力、财力等现象。（四）规定供给条例，避免不必要的供给与消耗。（五）提倡节约、廉洁作风，避免不应有的浪费现象。

这一提案正式提出后，许多人觉得不可理解，也受到一些人的批评，个别人甚至怀疑提出这个提案的动机不良。对于精兵简政，本来就有不同看法，有支持的，有怀疑的，还有反对的。大会讨论时，毛泽东走到台前，深刻而生动地阐述了实行精兵简政的必要性。毛泽东指出，在抗战初期，采取精兵主义自然是不对的，但现在情况不同了，全面抗战已经四五年了，人民经济遇到了很大困难，而我们的大机关和不精干的部队，是不适合今天的战争的。同时，还就党内同志的宗派主义情绪进行了批评。他说，我们的党是为人民服务的，不论谁提出的意见，只要有利于抗战，对人民有好处，我们就照办。毛泽东的一席话，使大家的意见趋于一致，支持的人更加坚定了自己的主张，犹豫怀疑的人明确了自己的态度，原来持反对意见的人收回了自己的意见。

提案在大会上进行了深入讨论，最后，会议以 165 票（出席大会的参议员 219 人）的绝对多数通过，并决议"交政府速办"。会后，毛泽东又登门拜访李鼎铭先生，进一步征求意见，并告诉他中共中央要对精兵简政进行研究，要把它作为共产党的一项政策在陕甘宁边区和各抗日根据地实行。

1941 年 12 月 13 日，中共中央向各抗日根据地发出"精兵简政，发展经济"的指示。

17 日，中共中央在《关于太平洋战争爆发后敌后抗日根据地工作的指示》中，再次明确指出："为进行长期的斗争，准备将来反攻，必须普遍地实行'精兵简政'。""'精兵简政'，节省民力，是目前迫切的重要任务。"

为了把精兵简政引向深入，1942 年 9 月 7 日，毛泽东为《解放日报》写了一篇题为《一个极其重要的政策》的社论。文章指出："精兵简政何以是克服物质困难的一个重要的政策呢？很显然，目前的尤其是今后的根据地的战争情况，不容许我们停留在过去的观点上。我们的庞大的战争机构，是适应过去的情况的。那时的情况容许我们如此，也应该如此。但是现在不同了，根据地已经缩小，在今后的一个时期内还可能再缩小，我们便决然不能还像过去那样地维持着庞大的机构。……假若我们缩小自己的机构，使兵精政简，我们的战争机构虽然小了，仍然是有力量的；而因克服了鱼大水小的矛盾，使我们的战争的机构适合战争的情况，我们就将显得越发有力量，我们就不会被敌人战胜，而要最后地战胜敌人。所以我们说，党中央提出的精兵简政的政策，是一个极其重要的政策。"① 由于精简节约以及生产运动的开展，大大减轻了群众的公粮负担，1941 年边区征收公粮总计为 20 万石，1943 年 18 万石，1944 年 16 万石，1945 年减少为 12 万

---

① 《毛泽东选集》（第 3 卷），人民出版社 1991 年版，第 881—882 页。

石（缺 1942 年的数据）。① 留守兵团在第一次的精简中，从9000人精简到6000人，精简了3000人转入生产战线，1943年，留守兵团直属队又缩减了1400人。②

李鼎铭先生不仅是精兵简政的首倡者，而且也是积极的领导者和执行者。陕甘宁边区参议会闭幕不久，11 月 27 日，在边区政府首次召开的政务会议上，新当选的边区政府副主席李鼎铭就精兵简政问题作了详尽报告和具体安排。随后，边区政府开始了紧张的宣传动员和准备工作。

1942 年 1 月，开始第一次精简。经过四个月的艰苦工作，共裁减合并机构百余处，各级政府工作人员减少了24%。同年5月，开始第二次精简。经过三个月的努力，政务和事务适当分开了，边区政府秘书处和民政、财政、文教、建设四厅合署办公；增加了县政府的权限等。从 1943 年 1 月开始了第三次精简，到年底结束。经过三次精简，政府机关裁并了四分之一，工作人员减少了35%；中央军委直属机关从原来的 7000 多人减少到2000 人。这次精简达到了毛泽东于 1942 年底提出的"精简、统一、效能、节约和反对官僚主义"的五项目的。1944 年 1 月，李鼎铭在政务委员会第四次会议上，作了《边区政府简政总结》报告，对边区的精简工作进行了全面总结，给予了高度评价。

精兵简政政策的有效实施，克服了根据地"鱼大水小"的矛盾，减轻了人民负担，调动了广大人民群众的抗日积极性，增强了部队的战斗力，提高了机关效率，对巩固根据地，坚持长期抗战，起到了非常重要的作用。

---

① 房成祥、黄兆安主编：《陕甘宁边区革命史》，陕西师范大学出版社 1991 年版，第 212 页。

② 房成祥、黄兆安主编：《陕甘宁边区革命史》，陕西师范大学出版社 1991 年版，第 211 页。

◎ 开发南泥湾

　　南泥湾，地处延安东南 45 公里，是延安的南大门，面积约 100 平方公里。清同治年间以后，南泥湾逐渐变成了人烟稀少之地。

　　抗日战争进入相持阶段以后，侵华日军停止了正面战场的战略性进攻，而把其 64% 的兵力用于对敌后抗日根据地进行"围剿"，所到之处，实行残酷的"三光"政策。而国民党一方面继续消极抗战，另一面却加紧了反共活动。他们在陕甘宁边区周围屯兵几十万，实行军事封锁。

　　1938 年 12 月 8 日，毛泽东在后方军事系统干部会上提出了"要想到有一天没有钱、没有饭吃，那该怎么办？"指出："无非三种办法，第一饿死；第二解散；第三不饿死也不解散，就得要生产。"① 12 日，毛泽东在抗日军政大学干部晚会上再次强调："以后我们要自己解决物质上的供给，要自己种地，自己动手。"② 14 日，中共中央书记处召开会议，专门讨论了生产运动的准备问题。20 日，《新中华报》发表了《广泛开展大生产运动》的社论。1939 年 1 月 26 日中央书记处再次讨论边区生产问题，决定成立中共中央生产运动委员会，负责领导边区的生产工作。2 月 2 日，在延安召开的生产动员大会上，中央财政经济部部长、办公厅主任李富春代表中央作动员，号召边区军民"加紧生产，坚持抗战"。6 月 10 日，毛泽东在延

---

　　① 逄先知主编：《毛泽东年谱（1893—1949）》（中卷），人民出版社、中央文献出版社 1993 年版，第 99 页。

　　② 中国人民解放军国防大学编：《中国人民抗日军事政治大学史》，国防大学出版社 2000 年版，第 529 页。

安高级干部会议上指出，"吃饭是第一个问题"，要求"自力更生克服困难"。1940 年 10 月起，国民党停发了八路军每月60 万元军饷，同时实行断邮，其他外援也无法汇兑，整个外援一下子断绝了。并且，国民党还"禁止必需品如棉花、铧、铁、布匹等入口，阻挠扣留边区商人，提高税率，不许边区土特产向外推销"[①] 等，使陕甘宁边区的财政遇到了非常大的困难。此时的边区人员又急剧增加，公粮的大量征收使得边区和各个根据地与老百姓之间的矛盾尤为突出。

▲大生产运动的开展，使解放区克服了严重的物质困难，改善了军民的生活。

1940 年初，朱德提出实行军垦"屯田"政策，并亲自组织 359 旅贯彻执行。1941 年 3 月，359 旅在旅长兼政委王震的率领下开进了南泥湾。359 旅克服重重困难，抓住开荒生产这个中心不放松。他们从旅到团都制订了生产计划，规定了生产任务，上至旅长，下到饲养员、炊事员，都编入生产小组，创办了"新中国"的大农场。到 1941 年底，全旅开垦荒地 1.1万多亩，人均种植粮食蔬菜 6 亩。

---

① 陕西省档案馆等编：《抗日战争时期陕甘宁边区财政经济史料摘编》（第 1卷），陕西人民出版社 1981 年版，第 142 页。

1942 年，在总结经验教训的基础上，全旅开荒达 2.5 万亩，种粮食 2 万亩，种蔬菜 5000 亩，并开垦了水田，试种水稻获得成功。此外，还种植了旱烟、胡麻等经济作物，做到了粮食自给三个月和蔬菜全年自给，也解决了战士打草鞋用的麻绳和吸烟需要。战士们还利用当地草木茂盛的条件，饲养牛、羊、猪、鸡、鸭、兔等家畜家禽，保证每人每月能吃到 3 斤肉。他们依靠自己的双手挖出一排排窑洞，建起一幢幢新房，开办了纺织、木工、造纸等工厂。1942 年 7 月，朱德邀请谢觉哉、徐特立、吴玉章、续范亭等同游南泥湾，看到变化如此巨大，朱德兴奋地赋诗《游南泥湾》。他在诗中写道："去年初到此，遍地皆荒草。夜无宿营地，破窑亦难找。今辟新市场，洞房满山腰。平川种嘉禾，水田栽新稻。屯田仅告成，战士粗温饱。农场牛羊肥，马兰造纸俏。小憩桃宝峪，清流在怀抱。诸老各尽欢，养生亦养老。熏风拂面来，有似江南好。"

1943 年至 1944 年，359 旅将士们掀起更大规模的生产浪潮。1943 年，全旅种植面积达 10 万亩，收获细粮 1.2 万石，洋芋、南瓜等折合粮食（3 斤折粮 1 斤）3000 石；蔬菜收获590 多万斤，粮食蔬菜完全做到自给。全旅共养猪 4200 多头，羊 7800 余只，牛 820 余头，达到王震旅长提出的"二人一猪、一人一羊、十人一牛"的指标。1944 年，全旅开荒种地 26 万亩，产粮 3.5 万石，收棉花 5000 斤，实现了年初下达的生产任务，每人收获粮食 6.1 石，一人一只羊，二人一头猪，十人一头牛。全旅不但吃穿用完全自给自足，不要政府一分钱、一粒粮、一寸布，反而每年向政府缴纳公粮 1 万石。通过"自己动手"，达到"丰衣足食"，使南泥湾变成了"到处是庄稼，遍地是牛羊"的陕北好江南。

359 旅将士们开发南泥湾的巨大成绩受到了党中央和陕甘

宁边区政府的高度赞扬与肯定。1943 年 1 月中共西北局奖给 359 旅"发展经济的前锋"锦旗。毛泽东亲笔为 359 旅四位干部题词：给王震旅长的题词"有创造精神"，给何维忠题词"切实朴素，大公无私"，给罗章题词"以身作则"，给晏福生题词"坚决执行屯田政策"。朱德在边区劳动大会上肯定了 359 旅开发南泥湾的重大成绩。3 月，延安文艺界劳军团和鲁艺秧歌队 80 多人赴南泥湾劳军。经过此次劳军，一首民歌《南泥湾》让大江南北都知道陕北还有个好江南——南泥湾。10 月下旬，毛泽东同任弼时、彭德怀等到南泥湾进行视察。在五六天的时间里，毛泽东等深入部队驻地，了解战士们的生产和生活情况。毛泽东鼓励战士们说："困难并不是不可征服的怪物，大家动手征服它，它就低头了。""敌人封锁我们，我们的回答就是自己动手，用我们的双手做到生产自给，丰衣足食。"[①]

◎ 延安整风运动

对于土地革命战争后期王明"左"倾错误，抗日战争初期王明右倾错误在思想上教条主义的根源，还有中共与共产国际一直反复存在的重大意见分歧，毛泽东决心肃清这种思想上的教条主义，从实质上摆脱共产国际对中国革命的干预。在当时环境下要做到从思想根源上破除将共产国际指示神圣化和教条化的氛围，毛泽东认为通过整风运动可以解决这些问题。于是开始酝酿发动延安整风运动。

---

① 逢先知主编：《毛泽东年谱（1893—1949）》（中卷），人民出版社、中央文献出版社 1993 年版，第 477—478 页。

▲延安整风运动

"学习运动"的兴起

1938 年 10 月，毛泽东在党的六届六中全会上向全党提出了实现马克思主义在中国具体化的伟大任务，指出："马克思、恩格斯、列宁、斯大林的理论，是'放之四海而皆准'的理论。""离开中国特点来谈马克思主义，只是抽象的空洞的马克思主义。"① "洋八股必须废止，空洞抽象的调头必须少唱，教条主义必须休息，而代之以新鲜活泼的、为中国老百姓所喜闻乐见的中国作风和中国气派。"② 毛泽东希望在这次全会以后，全党来一个普遍地深入地研究马克思列宁主义理论的竞赛，通过全党的理论学习来掌握马克思主义与中国革命相结合的思想方法，通过理论学习来克服党内存在的教条主义。毛泽东将这种方式称之为"学习运动"。党的六届六中全会后，首

① 《毛泽东选集》（第 2 卷），人民出版社 1991 年版，第 534 页。
② 《毛泽东选集》（第 2 卷），人民出版社 1991 年版，第 533 页。

先在高级干部中掀起了学习运动。为了把学习落到实处，1939年2月17日，党中央设立了干部学习教育部，张闻天为部长，李维汉为副部长。同年3月，中央宣传教育部制订了《延安在职干部教育暂行计划》，规定在延安的干部编班、编组，每天坚持学习。1940年1月和3月，中共中央又先后发出《关于干部学习的指示》和《关于在职干部教育的指示》，要求各级党委必须把干部教育放在党的工作的重要地位，切实加强对学习的领导。同年3月，党中央又规定5月5日马克思诞辰日为"学习节"。要求各单位及时总结学习经验，表彰、奖励学习好的干部，对无故缺席或不认真学习的，给予批评教育和必要的纪律处分。5月20日，干部教育部在陕北公学召开动员学习大会。毛泽东号召广大干部发扬"攻读"精神，要在工作、生产百忙中，以"挤"的方法获得学习时间，以"钻"的方法求得问题的了解和深入。毛泽东不仅号召广大干部认真学习，而且同中央其他领导带头学习，从事艰巨的理论研究和浩繁的写作工作。为了提高学习效果，毛泽东和中央其他领导人带头以不同形式深入学习。

▲延安整风运动时期党开展学习运动

延安整风运动的发动

从 1941 年 5 月到 1942 年 2 月，党中央首先在高级领导干部中进行整风。这一阶段的中心任务是，使得党的高层在思想路线上达成共识。其特点是从总结党的历史上特别是从 1931 年初到 1934 年底以王明为代表的"左"倾错误的经验教训入手。1941 年 5 月 19 日，毛泽东向在延安的高级干部作了《改造我们的学习》的报告，这是延安整风运动的开端。① 毛泽东在报告中，从对待马克思主义的态度出发，深刻论述了马克思列宁主义基本原理同中国革命具体实际相结合的原则，精辟地概括了党的思想路线，尖锐地批判了主观主义的作风，准确、科学地阐释了中国共产党的实事求是的思想路线。毛泽东的报告成为党的整风重要文件。

为解决高级干部的思想问题，毛泽东和党中央做了大量具体而扎实的工作。在组织措施上，为了加强干部对中国实际的了解，中共中央成立了调查研究局，担负国内外政治、军事、经济、文化及社会阶级关系各种具体情况的调查与研究工作。毛泽东为主任，任弼时为副主任，调查研究局下设情报部、政治研究室、党务研究室，毛泽东兼任政治研究室主任。同时，为了加强对党的干部思想方法的提高，中共中央还成立了思想方法学习小组，由毛泽东任组长，以便加强对党的理论学习的指导。在政策措施上，1941 年 7 月和 8 月，中共中央先后作出《关于增强党性的决定》和《关于调查研究的决定》。《关于增强党性的决定》由王稼祥起草，这一决定着重强调了遵守党的纪律和加强党的团结统一的重要性，严肃批评了党内存在的政治上的自由主义、组织上的本位主义和思想上的个人主义现

---

① 李蓉:《中共七大轶事》，人民出版社 2009 年版，第 84 页。

象。《关于调查研究的决定》由毛泽东起草，该决定就中央到各中央局、中央分局、独立区域的区党委或省委、八路军、新四军的领导机关、各根据地政府机关等设置调查研究机构问题、关于调查研究的方法问题、关于在职干部的学校对干部调查研究的教育问题作了明确的指示。

▲毛泽东就整风问题与中共高级干部谈话

在对历史经验总结上，中央把由毛泽东主持编辑的历史文献集《六大以来》发给高级领导干部，要求认真阅读，结合党的工作实际和历史进行正确路线与错误路线的比较和分析，看看哪些是对的，哪些是不对的。《六大以来》文献的阅读和研究对党的高级干部思想认识起到了重要作用。胡乔木曾回忆道："当时没有人提出过四中全会后的中央存在着一条'左'倾路线。现在把这些文件编出来，说那时中央一些领导人存在主观主义、教条主义就有了可靠的根据。有的人就哑口无言了。毛主席怎么同'左'倾路线斗争，两种领导前后一对比，就清楚看到毛主席确实代表了正确路线，从而更加确定了他在党内的领导地位。""编辑《六大以来》就是为了解决政治路线问题"，"《六大以来》成了党整风的基本武器"。①

1941年9月10日至10月22日，中共中央召开政治局扩大会议，即九月会议。会议重点是检讨党在土地革命战争后期的领导路线问题。毛泽东在会上作反对主观主义和宗派主义问题的主题报告，他指出，党内有这样的历史传统，就是不切实际，按心里想的去办，这就是主观主义。"过去我们的党很长时期为主观主义所统治，立三路线和苏维埃运动后期的'左'倾机会主义都是主观主义。苏维埃运动后期的主观主义表现更严重，它的形态更完备，统治时间更长久，结果更悲惨。"②这是因为他们自称为"国际路线"，穿上马列主义的外衣，其实是假马列主义。毛泽东对遵义会议以来，特别是王明回国后党内主观主义问题作了进一步分析。他指出："遵义会议，实际上变更了一条政治路线。过去的路线在遵义会议后，在政治上、军事上、组织上都不能起作用了，但在思想上主观主义的遗毒仍然存在。"③他又说，六中全会打击了主观主义，但仍没有引起一般注意。主观主义已不占统治地位，但还相当地存在着。毛泽东不但结合党的历史分析了主观主义，而且对主观主义的来源也作了深入分析，指出党内主观主义的来源主要是党内"左"的传统，苏联的德波林等的影响，以及中国广大小资产阶级的影响。毛泽东还强调提出中央高层克服主观主义的方法："克服主观主义，首先要从政治局同志做起"，"以思想、政治、政策、军事、组织五项为政治局的根本业务"，强

① 胡乔木：《胡乔木回忆毛泽东》，人民出版社1994年版，第48页。
② 《毛泽东文集》（第2卷），人民出版社1993年版，第372页。
③ 《毛泽东文集》（第2卷），人民出版社1993年版，第373页。

调"掌握思想教育是我们第一等的业务"。①

会议上绝大多数人发言，表示赞同毛泽东的报告，认为在中央内部开展反对主观主义和宗派主义的斗争，对于党的路线的彻底转变有极大的意义。大家列举主观主义和宗派主义的种种表现和危害，认真地、严肃地开展批评和自我批评。

张闻天在发言中指出："毛主席的报告，对党的路线的彻底转变有极大的意义。过去我们对苏维埃后期的错误没有清算，这是欠的老账，现在必须偿还。"他还指出："对中央苏区的工作，同意毛主席的估计，当时路线是错误的。政治方面是'左'倾机会主义，策略是盲动的。军事方面是冒险主义（打大的中心城市、单纯防御等）。组织上是宗派主义，不相信老干部，否定过去一切经验，推翻旧的领导，以意气相投者结合，这必然会发展到乱打击干部。思想上是主观主义与教条主义，不研究历史与具体现实情况。"② 博古在会上作了诚恳的自我批评。他说："1932 年至 1935 年的错误，我是主要负责的一人。当时我们完全没有实际经验，在苏联学的是德波林主义哲学教条，又搬运了一些苏联社会主义建设的教条和西欧党的经验到中国来。过去许多党的决议是照抄国际的。"③ 博古表示，有勇气公开研究自己过去的错误，希望在大家帮助下逐渐克服。王稼祥分析了产生主观主义的根源，认为主观主义的产生，"除中国的社会原因外，就是经验不够，学了一些理论而没有实际工作经验的人，易做教条主义者，从莫斯科共产国

---

① 《毛泽东文集》（第 2 卷），人民出版社 1993 年版，第 374—375 页。
② 《张闻天选集》，人民出版社 1985 年版，第 314 页。
③ 《胡乔木回忆毛泽东》编写组：《胡乔木回忆延安整风》（上），载《党的文献》1994 年第 1 期。

际回来没有实际工作经验的人，更易做教条主义者；实际工作
经验多的人，不易做教条主义者，而容易成为狭隘经验主义
者"①。只有王明在会上丝毫不作自我批评。他发了两次言，
虽然表示同意毛泽东的发言，承认 1932 年至 1935 年的错误是
路线错误，但却完全推卸责任，说自己对博古、张闻天在中央
苏区的政策和做法是不同意的，强调博古是苏维埃运动后期错
误的最主要的负责者。

当毛泽东、王稼祥、任弼时一起多次找王明交谈，希望他
能够转变态度认识错误时，王明不但避而不谈自己的问题，反
而攻击中央自抗战以来的方针是太"左"了，表示决心同中
央争论到底，到共产国际去打官司。此后，王明一直称病，不
再参加中央会议。

1941 年的九月政治局扩大会议，尽管遇到了王明的干扰，
但是通过检讨历史上和延安工作中的主观主义和宗派主义，初
步统一了中央领导层的思想，为下一步的整风奠定了认识上的
前提。9 月 26 日，会议决定在高级干部中开展整风，用理论与
实践统一的方法，研究马克思列宁主义的思想方法和党的历
史，以克服错误思想，提高党的高级干部的理论水平。中共中
央成立中央学习研究组，毛泽东任组长，王稼祥任副组长。延
安和各根据地成立高级学习组，学习《马恩列斯思想方法论》
和《六大以来》等文件。中央高层领导在重大问题上的统一
认识，对在全党开展普遍整风起到了非常重要的作用，毛泽东
曾这样评价说："九月会议是关键，否则我是不敢到党校去报
告整风的，我的《农村调查》等书也不能出版"，"整风也整

不成"。①

延安整风运动的全面展开

1942 年 2 月至 1943 年 10 月,是全党普遍整风阶段。1942 年 2 月 1 日,毛泽东在中央党校开学典礼上作了《整顿党的作风》的报告,这是整风运动的正式开始。② 2 月 8 日,在中央宣传部干部会议上作了《反对党八股》的报告。这两个报告标志着延安整风运动由高级领导干部的整风学习阶段转入全党普遍整风阶段。4 月 3 日,中央宣传部发出《关于在延安讨论中央决定及毛泽东同志整顿三风报告的决定》。5 月下旬,中央政治局决定成立中央总学习委员会(简称"总学委"),由毛泽东、凯丰、康生、李富春、陈云组成,毛泽东任主任,康生任副主任。在总学委领导下,延安的各单位、各系统包括中央机关和陕甘宁边区等都成立了学习委员会,延安有 1 万多名干部参加整风学习。华北、华中各抗日根据地的党组织和在国民党统治区的中共中央南方局,也先后开展整风学习。

毛泽东在《整顿党的作风》的报告中指出,党内的主观主义有两种,一种是教条主义,一种是经验主义。教条主义容易装出马克思主义的面孔吓唬工农干部,犯教条主义错误的同志有一些马克思主义的书本知识,但不懂马克思主义的精神实质,不了解中国实际,却又以"理论家"的姿态吓唬人。毛泽东指出,只知记诵马克思主义书本上的个别结论和个别原理,而不能根据马克思主义理论来研究中国的历史实际和革命实际,不能从理论上来思考中国的革命实践的人,是不能称为

---

① 金冲及主编:《毛泽东传(1893—1949)》(下卷),中央文献出版社 1996 年版,第 635 页。

② 李蓉:《中共七大轶事》,人民出版社 2009 年版,第 84 页。

▲1942 年 2 月，毛泽东在延安干部会议上指出："我们
　　反对主观主义、宗派主义、党八股，有两条宗旨是
　　必须注意的，第一是惩前毖后，第二是治病救人。"

马克思主义理论家的。毛泽东还指出，从事实际工作的同志，
虽有很可贵的经验，但如果把局部经验误认为普遍真理，就有
可能犯经验主义的错误。教条主义和经验主义，都是主观主
义，都是理论与实际相脱离的，而"现在在我们党内还是教条
主义更为危险"。①

　　整风初期，一些党员和干部并未深刻理解党发动整风的深

————————

① 《毛泽东选集》（第 3 卷），人民出版社 1991 年版，第 819 页。

刻意图和真正意义。这一时期，毛泽东等党的领导人经常深入实际，调查研究，指导整风运动的开展。1942 年 6 月 24 日到 7 月 4 日，在学习文件告一段落后，中央对每一位参加整风的干部进行了考试，考试题目是经过毛泽东修改过的。据七大代表王从吾回忆，考试题目有：什么是党的学风中的教条主义？你所见到的党的学风中的教条主义最严重的表现是哪些？你自己在学习和工作中曾否犯过教条主义错误？如果犯过，表现在哪些方面？已经改正了多少？什么是党的学风中的经验主义？你在工作中的经验主义偏向具体表现在哪些方面？已改正否？今后将如何改正？你接到中央关于调查研究的决定后，怎样根据它来检查并改造或准备改造你的工作？对这些问题，他都做了认真的回答。①

延安整风总结阶段

1943 年秋，打退了国民党第三次反共高潮以后，中共中央决定，从 10 月 9 日开始，党的高级干部重新学习党的历史和党的路线问题。延安整风运动由普遍整风阶段转入总结党的历史经验阶段。

在整风运动继续发展的时候，传来了共产国际解散的消息。1943 年 5 月 15 日，共产国际执委会主席团作出《关于提议解散共产国际的决定》。5 月 20 日，共产国际执委会总书记季米特洛夫致电毛泽东，通报关于共产国际主席团将于 22 日宣布解散共产国际一事。毛泽东兴奋地说："他们做得对，我就主张不要这个机构。"② 21 日，毛泽东主持中央政治局会议，讨论国际来电。26 日，中共中央作出决定，完全同意解散共

---

① 李蓉：《中共七大轶事》，人民出版社 2009 年版，第 86—87 页。
② 师哲：《在历史巨人身边》，中央文献出版社 1991 年版，第 228 页。

产国际，同时指出：中国共产党曾经得到共产国际的许多帮助，但"很久以来，中国共产党人即已能够完全独立地根据自己民族的具体情况和特殊条件，决定自己的政治方针、政策和行动"。①

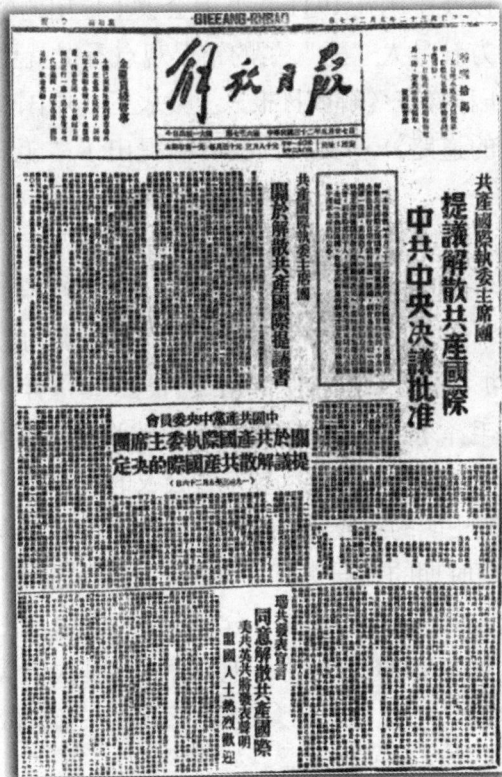

▲《解放日报》关于共产国际解散的报道

　　1943 年 7 月，在反击国民党顽固派发动的第三次反共高潮的斗争中，中国共产党在党内系统地进行了关于国民党统

————————

① 《中国共产党历史（1921—1949）》（第 1 卷）（下册），中共党史出版社 2002 年版，第 804 页。

治的本质及如何对待国民党的政策教育，用抗战以来直到眼前的种种具体实事加以说明。通过这场斗争和党内的政策教育，一些原来对国民党抱有幻想的共产党员提高了觉悟。在这些客观事实面前，经过对照比较，党员干部对王明所推行的右的错误以及王明在1941年九月会议上提出的中共中央自抗战以来的方针是太"左"了的错误观点看得就更清楚了。[①]7月8日，王稼祥在《解放日报》上发表了《中国共产党与中国民族解放的道路》一文，首次明确提出了"毛泽东思想"这一概念。

在有利的形势下，系统地清算王明的错误路线、统一全党思想的历史条件已经成熟。1943年9月，中央政治局决定，为了统一高级干部的思想，按照1941年九月会议的方式，继续召开政治局扩大会议，讨论党的路线问题。1943年9月7日至10月6日，毛泽东主持召开了中共中央政治局的扩大会议，讨论党在抗日战争时期的路线问题。在会议的发言讨论中，与会者对抗战以来王明的路线错误开展了严肃的批评，也对王明在土地革命战争时期的错误进行了分析。周恩来在10月6日的发言中，系统回顾了党的历史，分析了党成立以来出现几次路线错误的国际原因和社会根源。他说，在这几次错误中，王明的教条更完备，还有"国际"的帽子，又有米夫做后台，这样才在中央占了统治地位。[②]

这一时期，毛泽东还多次谈到党内批评的方法问题。他指出："我们的目的是揭发路线错误，又要保护同志，不要离开

---

① 《斯大林全集》（第7卷），人民出版社1958年版，第57—58页。

② 金冲及主编：《毛泽东传（1893—1949）》下卷，中央文献出版社1996年版，第662页。

这个方向。"① 他讲团结问题时说，我们是要团结的，但办法是要大家觉悟起来，犯错误的、犯个别错误的同志觉悟起来，弄清路线的是非，才能真正团结。真正要团结就要展开批评，掩盖分歧的人就是不团结。他在讲到党内斗争的方法时说：这次要避免党的历史上的错误斗争方法。"过去党内斗争没有解决思想问题"，"现在的斗争还是继续整风的精神，惩前毖后，治病救人"。② 刘少奇在谈到党内斗争问题时指出，首先要有自我批评的空气，特别是中央负责同志应该有这种精神准备，随时接受干部和群众的监督与批评；其次，批评只准明枪，不许暗箭，彼此挑拨也是不对的；第三，发言一律称同志，不称首长，以利争论的展开，党内历史有许多不清楚的，要组织几个报告，要留下些文件给后代。③

▲1943 年，刘少奇在延安。

① 金冲及主编：《毛泽东传（1893—1949）》（下卷），中央文献出版社 1996 年版，第 662 页。

② 金冲及主编：《毛泽东传（1893—1949）》（下卷），中央文献出版社 1996 年版，第 663 页。

③ 金冲及主编：《毛泽东传（1893—1949）》（下卷），中央文献出版社 1996 年版，第 661 页。

毛泽东指出，这次整风，是要着重清算 1931 年至 1934 年的"左"倾路线错误。他提醒大家注意，对于这个时期的中央的领导路线问题，也应作两方面的分析。"一方面，应指出那个时期中央领导机关所采取的政治策略、军事策略和干部政策在其主要方面都是错误的；另一方面，应指出当时犯错误的同志在反对蒋介石、主张土地革命和红军斗争这些基本问题上面，和我们之间是没有争论的。即在策略方面也要进行分析。例如在土地问题上，当时的错误是实行了地主不分田、富农分坏田的过左政策，但在没收地主土地分给无地和少地的农民这一点上，则是和我们一致的。"① 毛泽东的讲话，为正确分析党的问题指明了方向，对全党的团结和巩固起到了重要作用。当年参加会议的邓力群回忆道："一批人解脱了，许多人心服了，大家心里的石头都落了地。"②

在整风运动期间，进行了审干工作。有七大代表回忆说，审干是从 1942 年下半年开始的。实际上，中共中央对于审查干部，保证干部队伍的纯洁，早有相关规定。延安是当时全国革命的中心，大家都来自四面八方，怀着一腔热血投身革命。革命大潮当头，不免也有些泥沙俱下。在审干工作中，也确实查出了个别的特务、反革命分子。于是负责这方面工作的康生别有用心地夸大敌情，制造声势，大搞逼供信，在 1943 年六七月间搞了一个"抢救失足者"运动，涉及面明显扩大化。时间不长，经党中央、毛泽东发现予以纠正并甄别平反，对没有根据的事、查无实据的案件，坚决予以否定。这件事给七大代表留下了深刻印象。坚持实事求是的、严谨的工作作风，为

① 《毛泽东选集》（第 3 卷），人民出版社 1991 年版，第 938 页。
② 邓力群：《回忆延安整风》，载《党的文献》1992 年第 2 期。

后来的工作树立了良好的风范。1943 年 10 月上旬到达延安的黄庆熙，因七大延期举行，被安排到中央党校第一部学习。这时，"抢救运动"已经结束。他进党校后，先进行审查，并被告知不能和先来的同志互相接触交谈，而先来的同志中不少是七大代表；一个人不能随便离开。[①]

　　在全党团结、统一的气氛下，在党的高级干部深入研究党的历史、认清路线是非的基础上，中共中央认为起草历史问题决议的时机成熟了。1944 年 5 月 21 日，党的六届七中全会在延安召开。这次会议讨论并通过了《关于若干历史问题的决议》，在决议修改稿中，毛泽东高度评价了延安整风在思想上、政治上、组织上巩固党的作用。在党的六届七中全会对党的历史上若干重大问题作出正式结论后，整风运动胜利结束。

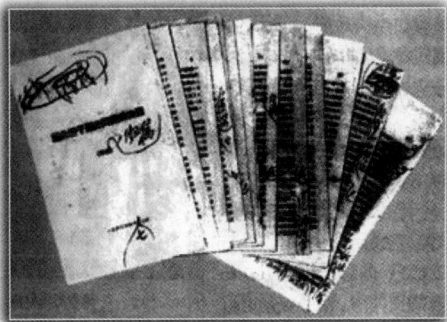

▲党的六届七中全会通过《关于若干历史问题的决议》

◎ 延安文艺座谈会

　　为了推进延安文艺界的整风学习，党中央决定召开一次

---

① 李蓉：《中共七大轶事》，人民出版社 2009 年版，第 89 页。

以文艺工作为专题的座谈会来解决当前文艺界存在的种种问题，座谈会于 1942 年 5 月 2 日到 23 日在延安中央大礼堂召开。

抗日战争爆发后，许多进步的知识青年、文学家和艺术家，怀着满腔热血，奔赴延安和各抗日根据地。在极其艰难困苦的环境中，他们绝大部分人保持着高昂的革命斗志，有的随军深入敌后，有的参加西北战地服务团，通过实际革命工作，初步实现了和八路军、新四军及工人农民的结合，写出了不少洋溢着革命热情的好作品，达到了为抗日战争服务的目的。但是，也有一些文艺工作者暴露出小资产阶级的动摇性。部分文艺工作者用个人主义、极端民主、平均主义等小资产阶级观点观察革命队伍和抗日根据地的生活，不适应严格的组织纪律，不习惯革命的集中领导，对延安的物质生活与精神生活，表露出一定的不满；一些作家站在小资产阶级立场上，把自己的作品当作小资产阶级的自我表现来创作，对工农兵则"不熟，不懂，英雄无用武之地"，片面地孤立地强调提高，轻视或忽视了普及，存在着严重的宗派主义和政治思想混乱；有人夸大革命工作中的某些缺点，甚至把抗日根据地说得几乎漆黑一团，宣扬"人性论"，颠倒文艺与政治的关系，把矛头指向中国共产党的领导。当时很多文艺工作者身在延安，心在上海，心在大城市……而且"有些作家的架子还蛮大的"①。1942 年 4 月，毛泽东针对文艺界存在宗派主义的问题，在与艾青交谈中，谈到："现在延安文艺界有很多问题，很多文章大家看了有意见，有的文章像是从日本飞机上撒下来的；有的文章应该登在国民

---

① 延安中央党校整风运动编写组：《延安中央党校的整风学习》（第 1 集），中共中央党校出版社 1986 年版，第 216、217 页。

党的《良心话》上。"① 这些问题的存在，不仅使文艺工作者脱离了广大人民群众反抗日本帝国主义侵略的时代主旋律，而且违背了一些文艺工作者奔赴延安的初衷。毛泽东在了解文艺界内部情况以后，认为延安文艺界"必须从思想上组织上认真地整顿一番"。②

▲抗日救国爱国青年奔赴延安

毛泽东和有关中央领导同志经过充分酝酿和对延安文艺队伍调查研究，针对当时延安文艺界存在的各种文艺主张，以坦诚和信任的态度，同文艺家们敞开心扉，促膝恳谈，平等论辩。从对抗战五年来世界反法西斯斗争形势和国内抗日战争严

---

① 余飘：《延安时期毛泽东文艺思想》，陕西人民教育出版社 1993 年版，第 20 页。

② 《毛泽东选集》（第 3 卷），人民出版社 1991 年版，第 875 页。

酷现实的审视，到对五四运动二十三年来中国革命文艺运动历史的回顾，大家进行了热烈的讨论，并在此基础上达成了共识。每次座谈会都有 100 多人到会。毛泽东和当时在延安的中央领导人，党的思想、理论、宣传、文艺、教育等部门的负责人参加了会议。

5 月 2 日，第一次座谈会，毛泽东开宗明义地阐明了召开这次座谈会的目的，接着论证了文化大军对于革命事业的重大意义。在热烈的讨论中，有人提出人性论，有人提出爱是永恒的主题，也有人认为马列主义会破坏创作情绪等，气氛活跃，畅所欲言。这次会议上的发言，中央看出了文艺工作者的想法和做法上有很多唯心论、教条主义、空想、空谈、轻视实践、脱离群众等特点。① 很多文艺工作者与广大劳动人民格格不入，不熟悉劳动人民的生活，不懂劳动人民的语言，嘴上说是为人民服务，事实上倒是人民为自己服务，很多时候优待自己，给自己方便。无论是"文人相轻"的情绪还是"持之有故，言之有理"的谈吐，大家的发言都很少从劳动人民的利益出发。② 这次会议对文艺界整风开了个头。

5 月 16 日，召开第二次会议，仍然是大会讨论。与会者争相发言，且有不同意见的交锋。毛泽东、朱德等认真听取大家的发言，并时而深刻时而诙谐地插话。参加这次会议的欧阳山说："大家都各抒己见，畅所欲言，不管对的、错的都可以无拘无束地讲出来。讲完之后，也没有向任何人追究责任，真正做到文艺方面的事情由文艺界来讨论解决，不带一点强迫的性

---

① 《毛泽东选集》（第 3 卷），人民出版社 1991 年版，第 875 页。
② 吴伯箫：《北极星》，人民文学出版社 1963 年版，第 17 页。

质，发扬了艺术民主，使大家心情非常舒畅。"①

▲延安文艺座谈会代表合影

　　5月23日，召开第三次会议，毛泽东总结讲话。面对着文艺界存在的错综复杂的种种问题，毛泽东不纠缠具体问题，从问题的根本入手。他说："什么是我们的问题的中心呢？我以为，我们的问题基本上是一个为群众的问题和一个如何为群众的问题。""我的结论，就以这两个问题为中心，同时也讲到一些与此有关的其他问题。"毛泽东一下子从千头万绪中抓住了要领。萧军评论道："毛泽东看问题深刻，文艺界那么多问题，他一抓就抓住了。"② 毛泽东在讲话中尖锐、深刻地指出："为什么人的问题，是一个根本的问题，原则的问题。过去有些同志间的争论、分歧、对立和不团结，并不是在这个根本的原则的问题上，而是在一些比较次要的甚至是无原则的问题上。而对于这个原则问题，争论的双方倒是没有什么分歧，倒是几乎一致的，都有某种程度的轻视工农兵、脱离群众的倾向。""这个根本问题不解决，其他许多问题也就不易解决。"③

_____

①　欧阳山：《我的文学生活》，载艾克恩编：《延安文艺回忆录》，中国社会科学出版社1992年版，第68页。

②　萧军：《难忘的延安岁月》，载艾克恩编：《延安文艺回忆录》，中国社会科学出版社1992年版，第68页。

③　《毛泽东选集》（第3卷），人民出版社1991年版，第857页。

毛泽东指出文艺工作者到了革命根据地，就必须和人民群众相结合，号召一切共产党员，一切革命家，一切革命的文艺工作者，都应该学鲁迅的榜样，做无产阶级和人民大众的"牛"，鞠躬尽瘁，死而后已。[1] 著名作家杨沫回忆："刚到根据地，我们这些知识分子总觉得自己比群众高明，做群众工作，就好像自己是个救世主，是来解救群众的。后来，敌人实行'三光'政策，斗争环境越来越残酷。党教导我们紧密依靠群众，正是在党的指引下，我们跟群众生活在一起，住在老乡家，吃在老乡家。很多次敌人把我们包围了，我们的老乡就挺身而出，用他们的生命来掩护我们。老乡们有时把我认作女儿，有时又把我当他们的儿媳妇。我的生命是老乡们用自己的鲜血挽救下来的。残酷的斗争，使我的思想感情发生了变化，我觉得群众的品质是高贵的，群众是可敬可爱的。"[2]

朱德在座谈会上也作了重要讲话。他首先针对有些人自夸要做世界第一作家的观点，明确指出："不要眼睛太高，要看得起工农兵，中国第一也好，世界第一也好，都不能自封，都要由工农兵群众批准。"针对有些人反对转变立场的观点，他说："岂但要转变，而且要投降。我是一个从旧军人出身的人。我就是投降共产党的。我认为共产党好，只有共产党才能救中国。我到上海找党，没有解决参加党的问题，后来到德国，才入了党，我投入无产阶级，并不是来当总司令，后来打仗多了，为无产阶级做事久了，大家看我干得还可以，才推我当总司令的。"他号召大家多写反映前方的斗争、反映后方的生产斗争的通讯和报告文学。针对"不写歌功颂德的文章"的说

---

① 《毛泽东选集》（第 3 卷），人民出版社 1991 年版，第 877 页。

② 龙新民：《感悟宣传》，北京出版社 2007 年版，第 42 页。

法，他理直气壮地说："共产党、八路军就是有功有德，为什么不该歌、不该颂呢？"朱德的话言简意赅，发人深省。毛泽东针对延安文艺界唯心论、教条主义、空想、空谈、轻视实践、脱离群众等缺点，认为"需要有一个切实的严肃的整风运动"，"展开一个无产阶级对非无产阶级的思想斗争"，相信大家经过整风，"一定能够创造出许多为人民大众所热烈欢迎的优秀的作品，一定能够把革命根据地的文艺运动和全中国的文艺运动推进到一个光辉的新阶段"。①

毛泽东、朱德在文艺座谈会上的讲话使许多人思想上豁然开朗。座谈会后，作家中有的下乡当文书，有的入伍当文化教员，有的进工厂当工会秘书，同工农兵打成一片。这时候的文艺创作就有了崭新的内容、活泼的形式、生动的语言。② 延安文艺界在毛泽东文艺思想指引下，一扫过去那种脱离实际、脱离群众的不良风气，深入群众，深入基层，创造出一大批深受工农兵欢迎的文艺作品。比如，戏剧方面有鲁艺的新歌剧《白毛女》、王大化和李波合演的《兄妹开荒》、马可的《夫妻认字》、中央党校京剧队的《逼上梁山》、延安评剧院的《三打祝家庄》；小说、诗歌方面的有赵树理的《小二黑结婚》《李有才板话》、李季的《王贵和李香香》、欧阳山的《高干大》、丁玲的《太阳照在桑干河上》、周立波的《暴风骤雨》等一批新作品。街头画报、街头演出、街头音乐、街头诗朗诵等群众性文化活动在延安和一些抗日根据地也开始活跃起来。③ 在那么短的时间内涌现出这样一大批优秀作品，充分发挥了革命文

---

① 《毛泽东选集》（第3卷），人民出版社1991年版，第877页。

② 吴伯箫：《北极星》，人民文学出版社1963年版，第21页。

③ 龙新民：《感悟党史》，人民出版社2014年版，第102页。

艺 "团结人民、教育人民、打击敌人、消灭敌人的有力武器" 的巨大作用。从歌剧《白毛女》中扮演黄世仁的演员陈强差一点被愤怒的战士观众开枪打死的史实，到气吞江河的《义勇军进行曲》《游击队歌》《解放军进行曲》歌声中，无不看到了延安文艺座谈会的历史必要性和重要性。座谈会又是延安整风运动的一个重要组成部分。毛泽东结合座谈会的情况，经过深邃的思考，在延安的土窑洞里写成了著名的《在延安文艺座谈会上的讲话》。

◎ 保卫延安

日军袭击

1937 年 9 月，八路军开赴抗战前线，广泛开展敌后游击战。在开赴敌后战场的平型关战斗中，打破了日本侵略者一直以来不败的神话，日本侵略者随即盯上了中共首脑所在地——延安。从 1938 年至 1941 年延安受到了日军的多次空袭。

1938 年 11 月 20 日，日军首次对延安进行空袭轰炸，延安被炸成了一片废墟。

11 月 21 日，第二次空袭。

12 月 12 日，第三次空袭。

12 月 14 日，第四次空袭。

1939 年 8 月 15 日，第五次空袭。

1939 年 9 月 8 日，第六次空袭。这次空袭是日军对延安最大规模的空袭，出动轰炸机 40 多架次，炸死炸伤延安军民 58 人。

1938 年 11 月起至 1941 年 8 月，日军不定期空袭延安，此外，还对边区境内的富县、甘泉、延长、延川、清涧等县城进行了轰炸。由于延安县城面积狭小以及边区境内其他县城都处于黄土高坡，地形复杂，目标不明显，在数年的空袭中，炸毁了 14000 多间民房，却只造成了 200 多军民的伤亡。日军的不定期轰炸没有对延安造成实质破坏性的打击，是由于军民在空袭时可以进窑洞躲避，随着轰炸次数增加，延安军民也不断地进行总结和防空作战，增强防空作战意识，对来袭敌机能够及时发现并借助有利地势及时疏散。

▲日军空袭后的延安城内基本被炸毁

　　日军除进行空袭外还计划从地面进攻延安并切断中共中央机关与各大抗日根据地的联系。黄河是陕甘宁边区的天堑，从 1938 年 3 月起到 1943 年初，保卫延安的八路军留守兵团在黄河防御战中大小战斗 78 次，以付出 160 余人伤亡、20 余人中毒的代价，打退日军 23 次进攻，规模较大的有 7 次①，千里河防未曾让日军前进一步，创造了抗日战争史上江河防御作战中绝无仅有的战绩。

---

　　① 房成祥、黄兆安主编：《陕甘宁边区革命史》，陕西师范大学出版社 1991 年版，第 129 页。

1938年3月13日，日军第26师团在飞机和炮火的掩护下抵神府河防对岸，强渡黄河。我河防部队待日军蜂拥渡河时集中火力出击，采取迂回战术两面夹击，击退来犯之敌，此战共击毙敌40人，伤百余人，缴获步枪10支，我方伤亡6人。

1938年5月初，日军109师团再次集结部队准备进攻，八路军主力警备第八团判明日军的图谋后，悄悄渡河，在汾离公路沿线伏击、骚扰敌人。5月10日晚，警备团选择进抵王老婆山的一个日军联队，乘黑夜对之发起突袭。日军在八路军警备团突然打击下，未到黄河岸边即行溃败。此战共歼敌200余人，缴获步枪40支，轻机枪两挺及电话机、望远镜等一批军用品。我军伤亡80多人。①

1939年1月1日，日军兵分三路向马头关、凉水崖、清水关逼近，在占领渡口以东阵地后，先用炮火猛烈轰击河西阵地，再违反国际法，以10余架飞机向我阵地投掷瓦斯弹。在我表面工事有几处被炸毁后，敌步兵在火力的掩护下准备强行渡河，我军依靠有利地形成功阻截。八路军留守兵团兵分两路，一路守卫黄河渡口，另一路是我军河东游击侦查部队不断袭击敌之辎重与增援部队，敌在攻击受挫、交通运输线受到严重威胁的情况下，被迫在对峙三天后，分别在1月4日、5日撤退。我军渡河追击，在大宁附近激战3小时，共歼敌80余人，缴获步枪10余支、马10匹。我方伤亡8人，中毒10余人。

1939年6月4、5、6日，日军分别集结部队10000余人和15000余人向八路军河防阵地发动猛烈进攻，八路军留守兵团和陕甘宁边区人民全体投入，把日军都堵在渡口。留守兵团

---

① 房成祥、黄兆安主编：《陕甘宁边区革命史》，陕西师范大学出版社1991年版，第130页。

采取两面夹击战术，逼迫日军全线撤退。在日军撤退时，警卫第八团渡过黄河对日军反击，终将日军击退。在 6 月的此次河防保卫战中，阎锡山驻防部队的一个炮兵营也曾积极配合参战，炮击日军，由此增强了河防部队的战斗力。① 此战共歼敌 80 余人，缴枪 10 余支、军旗 3 面及一些军用品。我方伤亡 10 人。②

1939 年 9 月，日军集结三四千人，附炮 30 门。4 日黄昏占军渡后修筑工事，炮击宋家川，强令群众修复到离石的公路，企图巩固河东阵地，作持久进攻准备。留守兵团派出河东侦查部队抗击和消耗敌人，河西部队也分出一部渡河迂回敌后作战。日军于 20 日退到柳林地区。此次战斗共歼敌 30 余人，缴枪 5 支。我方伤亡 10 余人。

1939 年 11 月 20 日，日军从各线抽调 10000 余人，准备渡河器材，附炮 30 余门，分四路准备强渡佳县渡口。23 日，日军集结 2000 人，在炮火掩护下放船强渡，我军即以密集火力封锁河面，未让日军触及河西。此次战斗，毙敌百余人，俘虏 2 人，缴枪 6 支。我方伤亡 10 余人。③

1939 年 12 月，日军集结 4000 余人，附炮两门，进犯军渡炮击宋家川。留守兵团在军（渡）离（石）公路线上频繁出击。此战歼敌 20 余人。④

① 房成祥、黄兆安主编：《陕甘宁边区革命史》，陕西师范大学出版社 1991 年版，第 133—134 页。

② 房成祥、黄兆安主编：《陕甘宁边区革命史》，陕西师范大学出版社 1991 年版，第 131 页。

③ 房成祥、黄兆安主编：《陕甘宁边区革命史》，陕西师范大学出版社 1991 年版，第 132 页。

④ 房成祥、黄兆安主编：《陕甘宁边区革命史》，陕西师范大学出版社 1991 年版，第 133 页。

平叛匪患

随着八路军主力开赴抗日前线，在八路军组织对日本防务作战的同时，边区境内冒出了多股土匪，这些土匪不时杀害干部群众，抢劫财物，袭击中共中央机关。这些土匪的存在严重影响了延安的安全。

1937年抗战爆发后，日军收买土匪武装、奸细，打入边区，同时国民党顽固分子也千方百计的破坏陕甘宁边区。[①] 部分土匪在复杂的政治环境里，依附不同势力成为有背景的"政治土匪"，他们不再是单纯地抢劫财物，而是有目的地破坏新政权。1936年年底到陕甘宁边区政府成立时，边区境内仍有土匪48股，计4000余人，2000多条枪。[②] 1937年10月，中央军委给留守兵团下达了"保卫边区，肃清土匪，安定人民生活，保卫河防，保卫党中央，巩固与扩大留守部队"的指示。11月，陕甘宁边区政府决定："严厉镇压汉奸卖国贼亲日派的活动，彻底消灭扰乱社会治安之日本别动队——土匪，巩固后方。"[③] 留守兵团开始对辖内土匪进行军事围剿。毛泽东曾给中共三边特委军事部部长刘景范和陕甘宁省委军事部部长黎林的电报中特别强调："根据剿匪经验，基本方针应该是，积极以军事力量打击土匪威胁，同时进行政治上的争取、分化、改造、改编、瓦解的策略，最后达到消灭土匪的目的。"1939年1月，边区政府主席林伯渠在对边区第一届参议会的工作报告

---

① 房成祥、黄兆安主编：《陕甘宁边区革命史》，陕西师范大学出版社1991年版，第135页。

② 房成祥、黄兆安主编：《陕甘宁边区革命史》，陕西师范大学出版社1991年版，第135页。

③ 房成祥、黄兆安主编：《陕甘宁边区革命史》，陕西师范大学出版社1991年版，第137页。

中指出："我们现在可以自慰的，是两年以来在剿匪方面，我们消灭了大小四十多股，被我们击毙击伤的有八百人左右，俘虏的有四百人左右，缴枪一千多支。现在我们可以说，边区内部的土匪基本上已告肃清了。这不能不说是一件伟大的胜利。"1939 年冬，是边区最困难的时期，也是土匪活动的高潮期。为巩固保卫边区，留守部队再度重拳出击，对由国民党顽固派支持的"政治土匪"，一方面致电国民党有关军政当局揭露匪行并请求配合，另一方面大力清剿。1939 年冬起至 1943 年 1 月，在剿匪部队的围追堵截下，多股政治土匪或被击溃，或逃离边区，或被彻底收拾，多股人数较多的土匪被留守部队坚决镇压。从 1937 年 4 月土匪制造了崂山事件起到 1943 年 1 月，中共中央前后用了六年的时间肃清了边区匪患。多年的剿匪斗争既维护了延安的治安局面又为新中国成立以后剿匪积累了宝贵经验。

防止国民党袭击

1943 年 3 月，蒋介石发表《中国之命运》一书，篡改和伪造历史，极力鼓吹法西斯主义，公开反对共产党。5 月底，国民党利用共产国际执行委员会主席团作出的《关于提议解散共产国际的决定》，大造反共舆论，声称："马列主义已经破产"，"共产主义不适用于中国"，要求"解散共产党""取消陕北特区"。一方面制造舆论，一方面调整军事部署。6 月 18 日，胡宗南在洛川召开反共军事会议，部署 60 万军队 20 多个师的兵力，准备分兵九路"闪击延安"。中共中央吸取了皖南事变的惨痛教训，电告胡宗南给予警告并紧急从晋西北抗日前线调 358 旅回防边区，同时又从抗日前线抽回四个主力团及 385 旅主力。国民党蓄意发动的反共高潮，逼迫中共军队大批主力回防陕北，大大减轻了华北日寇的军事压力，给抗日大业造成了重大损失，也使日寇终于腾出手来向国民党军队发起进攻，国民党蓄意的反共高潮在军事上搬起石头砸了自己的脚。

中共中央在军事上做好抵抗准备的同时，动员军民积极准备保卫边区；中共中央及时揭露了国民党内战的阴谋，全国人民纷纷反对内战，形成了广泛的抗议运动；同时争取反法西斯同盟阻止蒋介石。面对国民政府将要发动的军事行动，苏、美、英等国大使紧急警告蒋介石不得发动内战，否则停止援助。1943 年 7 月 10 日，国民党在内外交困，军事上又无机可乘的情况下，命令胡宗南停止行动并在 11 日致电朱德，表示无意进攻陕甘宁边区。12 日，胡宗南下令将部署的部队撤回。

共产党在与国民党长期的斗争中，以敏锐的局势分析能力和实际的事态处理经验，取得了保卫延安的胜利。

延安艰苦环境　事业创造奇迹

◎ 延安的学校

1935 年 12 月，瓦窑堡会议上把"必须大数量地培养干部"确定为党的一项任务。1938 年 10 月，中共六届六中全会上，毛泽东在《中国共产党在民族战争中的地位》的报告中提出："政治路线确定之后，干部就是决定的因素。"[①] 随着抗战形势的发展，党中央把迅速培养大批德才兼备的干部当作一项重要的工作任务。抗战爆发前夕，毛泽东曾向全党提出："我们党的组织要向全国发展，要自觉地造就成万数的干部，要有几百个最好的群众领袖。这些干部和领袖懂得马克思列宁主义，有政治远见，有工作能力，富于牺牲精神，能独立解决问题，在困难中不动摇，忠心耿耿地为民族、为阶级、为党而工作。"[②] 1937 年初到 1939 年下半年是延安干部学校的大发展阶段。1938 年下半年，由于延安人口急剧膨胀，出现了粮食短缺问题，从 1939 年上半年起，国民党开始对陕甘宁边区实行封锁，使得来延安的爱国青年人数骤然减少，党中央为减轻延安的供给压力和根据形势发展需

---

① 《毛泽东选集》第 2 卷，人民出版社 1991 年版，第 526 页。
② 《毛泽东选集》第 1 卷，人民出版社 1991 年版，第 277 页。

要，决定对延安部分学校采取分流向外发展的政策。从党中央到达陕北开始到1948年离开延安，中共中央和边区政府共创办了各类干部学校30余所，其中，有比较正规的高等学校，也有战时短训班；有党校、军政学校，也有工青妇的干部学校；有文学艺术、自然科学院校，也有医药卫生、农业纺织学校等。

1935年11月，在瓦窑堡恢复了中央党校。中央党校的前身是创办于中央革命根据地江西瑞金的马克思共产主义学校。1937年2月10日，中央党校迁至延安，李维汉、康生、陈云、邓发等先后任中央党校校长，1942年2月起，由毛泽东实际主持中央党校工作，直到1943年明确毛泽东兼任中央党校校长。1943年，中央党校成立一、二、三、四部。1944年，成立五、六部。1945年抗战胜利后，各部相继取消。1946年初，由党校划出的第五部，恢复原西北局党校建制。1947年3月，中央党校随中共中央撤离延安。

1936年6月1日，中革军委决定以西北红军大学为基础在瓦窑堡组建中国抗日红军大学，1937年1月19日，改名为中国人民抗日军事政治大学（简称抗大），开始接收各地来的青年学生。[1] 1938年12月，抗大第一、二分校在延安组建，一分校于1939年1月开往华北抗日根据地办学。同年7月，总校也迁往晋察冀根据地。一分校归八路军总部建制，到晋东南抗日根据地，对外称第十八集团军八路军随营学校。二分校以抗大第七大队和抗大第一大队第一支队为基础，与抗大第二、第三、第四大队和陕北公学旬邑分校、西北抗日青年训练班各

---

① 中国延安干部学院编：《延安时期大事记述》，中央文献出版社2010年版，第61页。

一部组合而成，于 1939 年 2 月开往河北省灵寿县办学。9 月迁到石家庄和保定边界的神南村。1943 年 2 月返回陕北，并入抗大总校。1939 年 7 月，以延安的部分教职员和第一、第二、第五大队各一部为基础成立了抗大第三分校。1941 年 10 月，八路军工程学校和炮兵团教导营并入第三分校。同年 11 月 11 日，第三分校变更为军事学院。

▲中国人民抗日军事政治大学

1937 年 9 月 1 日，成立了陕北公学。1938 年 7 月 7 日，在陕西旬邑成立了陕北公学分校，1939 年 1 月，总校迁往陕西旬邑。1939 年 6 月，陕北公学与鲁迅艺术学院、工人学校、安吴青训班一部合并，组成华北联合大学开赴前线。1939 年 11 月，中共中央决定让留在延安的陕北公学部分师生组建并恢复陕北公学。1941 年 9 月，陕北公学并入延安大学。

1937 年 10 月，战时青年短期训练班创建，1938 年 1 月，迁至安吴堡，因而又称安吴青年训练班，1940 年改名为"泽东青年干部学校"，1941 年 9 月与陕北公学、中国女子大学合并组建延安大学。

1938 年 4 月 10 日，成立鲁迅艺术学院。1939 年 5 月 11

日鲁迅艺术学院改称"鲁迅艺术文学院"。① 1939 年 7 月，鲁艺部分干部与陕北公学、延安工人学校、安吴青训班一部合并，组成华北联合大学开赴前线。9 月到达晋察冀边区的阜平县城南庄。11 月，根据中央的决定，留在延安的鲁艺部分师生恢复鲁艺。1940 年 11 月，华中抗日根据地创办了鲁艺华中分院。后由于日伪残酷"扫荡"，鲁艺华中分院分编成江淮鲁工团和黄河鲁工团，深入根据地开展抗战文艺工作。1943 年 4 月 4 日，鲁艺并入延安大学，组建延安大学文艺学院。

1938 年 5 月 5 日，马克思列宁主义学院创立。1941 年 5 月，马列学院改组为马列研究院。7 月，改组为中共中央研究院。1943 年 5 月，研究院并入中共中央党校，为该校的第三部。

1939 年 3 月，抗日军政大学二大队改名为延安工人学校，5 月 15 日举行开学典礼。1939 年冬，工人学校部分学员与延安的部分学校组成联合大学转入山西五台山，其余学员被派到各革命根据地去开展工运工作和发展工业生产。

1939 年 5 月，中央决定建立延安自然科学研究院。1940 年 8 月，中共中央根据形势需要，决定将延安自然科学研究院改为延安自然科学院。1943 年 11 月，延安自然科学院并入延安大学。

1939 年 7 月，中国女子大学创立，1941 年 9 月，与陕北公学、泽东青年干部学校等合并组建延安大学。

1940 年 5 月，八路军军政学院筹建。1940 年 8 月 1 日，学

---

① 中国延安干部学院编：《延安时期大事记述》，中央文献出版社 2010 年版，第 120 页。

院正式开学。1943年3月，军事学院院部机关及部分学员迁往绥德，并入抗大总校。学院高级班学习组编入中央党校，成立党校四部。学院炮兵队则开始筹建八路军炮兵学校。军事学院工作结束。

1940年7月，边区行政学院在原来农业专科学校的基础上成立，1944年5月，并入延安大学，成为延安大学三大学院之一。

1941年1月，延安新文字干部学校创立。1943年4月，并入延安大学，成为延安大学社会科学院新文字系。

1941年9月，由陕北公学、中国女子大学、泽东青年干部学校组建延安大学。1943年至1944年，鲁迅艺术学院、自然科学院、民族学院、新文字干部学校、行政学院，先后并入延安大学。延安大学成为中国共产党创建的第一所正规综合性大学。

1941年10月10日，延安民族学院创立。1943年4月，根据中央精兵简政精神，并入延安大学成为延安大学的一个独立学院。1944年4月，学院由延安迁到接近少数民族地区的陕西省定边县，称三边公学。

1944年11月，中央军委决定在八路军总部炮兵团的基础上，成立延安炮兵学校。1945年3月15日，延安炮兵学校正式开课。因召开中共七大，开学典礼仪式延到8月1日举办。1945年9月23日，延安炮兵学校奉命迁往东北。

各地爱国青年奔赴延安和抗战形势的发展，决定了这个时期创办的很多学校属于短训性质，学习时间少则三个月，多则半年出头。很多青年在经过短期培训学习后，前往各个抗日战场。延安一时呈现出开学典礼不断，毕业歌声不绝的场面。

▲延安炮兵学校开学典礼

　　1938 年 11 月，中共中央根据延安干部学校的迅速增加，为便于统一领导，决定成立中央干部教育部，统一制定中央直属学校的教育方针、教学计划和教学方法，适当调剂各学校的教员、教材和课程，计划招收新生工作，总结各学校和机关干部教育的经验教训，并负责在职干部的学习问题。为办好学校和大量培养军政干部，党中央选调了一批经过战争考验、具有军事或政治工作经验的干部到学校工作或教学授课。毛泽东非常重视教育工作并亲自担任抗大教育委员会主席，林彪、刘伯承、罗瑞卿、许光达、滕代远、何长工、徐向前、彭绍辉等先后任校长、副校长和教育长。在陕北公学，成仿吾任校长，李维汉任副校长，同时，又从大后方请了艾思奇、何思敬、任白戈等学者到抗大、陕北公学任教。毛泽东非常重视学校开学、毕业典礼，通常都要到会讲话。毛泽东的一些重要著作如《中国革命战争的战略问题》《矛盾论》《实践论》《论持久战》等被列为必读教材。中央领导在这些学校亲自任教或者担任兼职教师。如毛泽东在抗大第二期讲授《辩证唯物论》，每星期二、四上午讲授两次，每次 4 个小时，下午还参加学员讨论，从 1937 年 4 月开始，历时三个多月，共授课 110 多个小时。朱德讲授党的建设，董必武讲授中国现代革命史，张闻天讲授中国问题，博古讲授马列主义基础知识。在陕北公学，周恩来作过关于大后方抗战形势的报告，董必武作过关于中国法制问题的报告，陈云、李富春作过关于党的性质、组织原则的报告。

延安时期的学校为中国共产党取得抗战胜利和建立新中国奠定了坚实的人才基础。邓小平对延安时期干部队伍和人才培养的评价："抗日战争时期吸收了一部分知识分子，后来政治干部除了老红军以外，就靠这批人，从这批'三八式'里边选出的。"①

◎ 中共中央党校

1933 年 3 月 13 日在江西瑞金成立的"马克思共产主义学校"是中共中央党校的前身，校长由任弼时担任，副校长为杨尚昆。同年 4 月，任弼时调任湘赣省委书记，校长改由张闻天兼任。1934 年 1 月中共六届五中全会和全国苏维埃二大后，张闻天离任，李维汉担任校长，直至 1934 年 10 月该校停办。其间，董必武（1933 年 5 月至 1934 年 1 月）、冯雪峰（1934 年 2 月至 10 月）先后担任过副校长一职。1934 年第五次反"围剿"失败后，"马克思共产主义学校"停办。

1934 年 10 月，学校随中央红军参加长征。中央党校部分学工人员也随中共中央参加了长征。据李维汉回忆："1934

① 《邓小平文选》（第 2 卷），人民出版社 1994 年版，第 62 页。

年10月，党中央和中央红军开始长征，董必武、成仿吾、冯雪峰等党校的干部参加了长征。党校的一部分学员和由地方调来准备创立新苏区临时放在党校学习的干部，也参加了长征。"①

1935年10月，中共中央与中央红军到达陕北，"马克思共产主义学校"恢复办学，更名"中共中央党校"，校长改由董必武担任（直至1937年3月）。此后，中央党校在瓦窑堡、保安、定边等地辗转办学。

中央党校迁至延安后进入了比较平稳的发展阶段。1937年2月，中央党校迁入延安后，校址设在延安城东五公里处桥儿沟的天主教堂内。中央党校对外称"延安中山图书馆"。初到延安时，中央党校的组织结构没有大的变化，学员班次设置方面按数字顺序编班。这种按数字顺序编班的方式，一直持续到1941年底毛泽东对中央党校进行第一次改组。1937年5月前，全校共设七个班，"一、二班主要是红四方面军的干部，每班有30—40人；三班是从根据地外面来的知识分子，有40人左右；四班除两人之外，则全部是陕北地、县级（个别的班有区级）干部，人数最多，共有76人；五、六班是老干部、高级干部，如赖传珠、陈伯钧、罗炳辉、郭化若、朱良才、焦若愚等都在这两个班，这两个班还有长期做党的地下工作的干部，有的则是刚从敌人监狱里出来的，也都是党的老干部；七班则是由原来少数民族班成员和新来的一些少数民族干部组成的。全校共有学员三四百人"。②

---

① 李维汉：《回忆与研究》（上册），中共党史资料出版社1986年版，第386页。
② 王渔：《董必武、李维汉任校长时的延安中央党校》，载《学习时报》2011年11月7日第16版。

李维汉任校长时期（1937 年 5 月—1938 年 4 月）。1937 年 5 月，中共中央决定由李维汉接任中央党校的校长。

▲延安桥儿沟天主堂

李维汉担任校长期间，党校学员班次编至第十八班。学校设立了政治经济学、中国问题、党的建设与群众工作、军事等研究室。在课程设置方面主要设有政治经济学、中国问题、党的建设、马列主义、群众工作、游击战争等课程。因为学校还有少数民族班和工人班，所以还设有语文、数学、地理、常识等文化课程。另外，学员每人都发有步枪和子弹，要求天天出操，还要轮流站岗，这也是党校课程的一个重要组成部分。组织结构及人事方面发生了一些变化。据李维汉回忆，"在这一年里，学校的主要干部有：教务处主任成仿吾，成仿吾调任陕北公学校长后由王学文继任，副主任刘芝明；党总支书记先后有廖志高、李景膺、方仲如、张德生、张启龙；宣传委员先后有罗青长、夏耘、温建平、张拓；组织委员先后有章夷白、秦化龙、余代生，秘书王安邦；总务处长先后有白栋材、吴文遴、张志良、马定邦，副处长赵成群，管理科长王大甫，会计出纳牟泽衔，后为杜天长；自卫军大队长陈庆先，副队长李振运、赖传珠"①。

1937年上半年中央党校曾开展对张国焘错误的揭发与批判。1937年3月31日，中共中央政治局作出《关于张国焘错误的决定》后，中央党校就按照中央精神在全校开展了对张国焘分裂主义错误活动的批判。当时红四方面军的干部陈昌浩、张琴秋等，都曾对张国焘进行了揭发与批判，并作了自我批评。

毛泽东十分注重党校教育。早在1936年12月27日的中共中央政治局会议上，毛泽东就提出："要办党校和红军学校，造就群众的、军事的、党的、政治的四种人才。"② 按照传统，这时的中央党校也常请中央领导人来校作报告，如毛泽东、周恩来、张闻天等就都曾到校作过报告。1937年间，毛泽东经常到党校讲授哲学课程。1937年6月27日，周恩来在中共中央党校作了《和平、抗日与民主统一战线的政治目标》的报告。1938年4月，张闻天在中央党校作了《传达三月中央政治局会议》的报告。

针对当时中央党校教员讲中国革命问题课程时，基本上是从鸦片战争开始，一直讲到西安事变的情况，毛泽东在1938年1月的中常委会议上明确提出："中国革命问题课程，党校

---

① 李维汉：《回忆与研究》（上册），中共党史资料出版社1986年版，第387—388页。

② 逢先知主编：《毛泽东年谱（1893—1949）》（上卷），人民出版社、中央文献出版社1993年版，第632页。

高级班和低级班都从辛亥革命讲起。"① 据此，中央党校的中国革命问题课程都从辛亥革命讲起。

康生任校长时期（1938 年 4 月—1938 年 11 月）。1938 年 4 月，李维汉调任陕北公学副校长，康生接任中央党校校长。同年 11 月，中共六届六中全会后，康生任即将成立的中央社会部部长并卸任中央党校校长。由于康生不常驻校，学校设副校长一职，由柯庆施从 1938 年 4 月一直担任到 1939 年 1 月。

1938 年 11 月，康生离任时，学员班次已编到第二十九班。这时党校课程设置和教学方式没有大的变化。这一时期，党校成立了"管理委员会"，主要管理党校的日常教学和行政后勤工作。主任初为王学文，后改为柯庆施，成员主要有刘仁、张启龙、曹轶欧、杨群一、刘芝明等。学校的党总支书记仍由张启龙担任。学校增设了秘书处、干部处和马列主义研究室。秘书处处长初为刘仁，后换成了杨群一。干部处处长为曹轶欧。马列主义研究室主任由王学文兼任。另外，总务处扩大为校务部，由方仲如担任主任，下设管理、供给、会计三科。

1938 年 8 月 22 日，正值中央党校第十六、十九班学员毕业之际，毛泽东对全校师生作了《当学生，当先生，当战争领导者》的报告，详细阐述了当学生、当先生、当战争领导者三个问题，具有很重要的教育意义。到中央党校讲课的中央领导人还有周恩来、谢觉哉等。

1938 年 10 月在中共六届六中全会上，毛泽东作了《论新阶段》的政治报告，报告的第七部分提出了马克思主义中国化与

---

① 逄先知主编：《毛泽东年谱（1893—1949）》（中卷），人民出版社、中央文献出版社 1993 年版，第 44 页。

"有计划地培养大批的新干部"① 等历史任务。张闻天作了《关于抗日民族统一战线的与党的组织问题》的报告。在此报告中，张闻天以较长篇幅论述了党校教育问题。关于党校教育，他强调要坚持"理论与实际的联系，特别着重于马列主义的革命精神与方法的教育，着重于实际问题来说明马列主义的原则"。②

陈云任校长时期（1938 年 12 月—1939 年 12 月）。1938 年 12 月 7 日，中共中央书记处召开会议。会议决定，由中共中央组织部部长陈云兼任中央党校校长。陈云担任校长期间，中央党校在 1939 年 2 月从桥儿沟搬到了延安城北关的小沟坪。组织结构方面，取消"管理委员会"，由谢觉哉担任中央党校副校长（1939 年 2 月至 1940 年 9 月），主要负责党校日常工作。另外，秘书处与总务处合并为校务部，干部处合并于党总支，全校属于教务性质的部门都列入了教务处。校务部、教务处与党总支一并成为中央党校的三大部门。

党校教员讲课的次序从党的建设、中国问题、政治常识开始，再讲军事、列宁主义，最后讲政治经济学。其中党的建设和中国问题在党校课程中所占比重十分大。陈云和谢觉哉在党校讲过党的建设、中共党史课程。期间，毛泽东、周恩来、刘少奇等中央领导人也来校作过报告。毛泽东在 1939 年 2 月 5 日作了题为《反对投降主义》的报告，强调了"我们的原则是：人不犯我，我不犯人；人若犯我，我必犯人"③。同年 7 月，刘少奇在中央党校作了《论共产党员的修养》的报告。

---

① 《毛泽东选集》（第 2 卷），人民出版社 1991 年版，第 526 页。

② 谌玉梅、罗平汉编：《延安时期中央党校》，陕西人民出版社 2014 年版，第 23 页。

③ 逄先知主编：《毛泽东年谱（1893—1949）》（中卷），人民出版社、中央文献出版社 1993 年版，第 109 页。

此报告在延安和各抗日根据地得到广泛传播，1942 年全党整风开始后，被列为 22 个整风必读文件之一。此报告对于中国共产党加强自身建设，具有重大的指导意义。

▲1937 年 12 月，陈云在延安。

邓发任校长时期（1939 年 12 月—1943 年 3 月）。邓发从 1939 年 12 月开始担任党校校长直至 1943 年 3 月 20 日。但从 1941 年 12 月毛泽东对中央党校进行第一次改组起，中央党校的工作实际上由毛泽东亲自指导，具体事务主要由彭真负责。

从 1939 年 12 月至 1941 年 12 月，中央党校在组织结构方面基本上没什么变化。1940 年 9 月，谢觉哉调任陕甘宁边区中央局副书记、边区政府秘书长后，中央党校副校长一职也长期空缺。直到 1943 年 3 月，中央党校才重设副校长一职，由彭真担任副校长。就学员班次来看，到 1941 年底时，已编到第五十五班。第五十五班，是中央党校在延安时期按数字顺序编排的最后一个班。

学校课程方面发生了一些变化。这主要是因为1940年1月3日中共中央书记处曾下发了《关于干部学习的指示》。指示规定："全党干部都应当学习和研究马列主义的理论及其在中国的具体运用。"学习课程的安排，依据由浅入深、由中国到外国的原则。①

按照中共中央精神，这时的中央党校十分注重马列主义理论的学习。当时讲唯物史观，就从猿变人开始，一直讲到资本主义。讲联共党史，主要是按照《联共（布）党史简明教程》一章一章往下讲。因此，教条主义倾向比较严重。当然，这与当时大环境的影响是分不开的。实际上，在延安的其他学校，如马列学院、延安女子大学等学校，也存在这样的问题。

1940年8月，中宣部在其所颁发的《关于加强干部策略教育的指示》中明确规定："必须在全党的在职干部教育中、党校和党的训练班中，及党领导的各种干部学校中，把党的策略教育列入正式教育计划之内，并作为成绩考查的重要标准。"② 据此，中央党校又对其所教课程作了适当调整。以邓发为例，他就在1941年期间对党校全体学员作过题为《目前形势——苏德战争》《关于加强党性和调查研究的决定》等大报告。

1941年5月，毛泽东在中央党校作了《改造我们的学习》的报告。在报告中系统论述了马克思列宁主义的普遍真理与中

---

① 《中共中央书记处关于干部学习的指示》（1940年1月3日），载《共产党人》1940年第5期。

② 中共中央文献研究室等编：《建党以来重要文献选编（1921—1949）》（第17册），中央文献出版社2011年版，第464页。

国革命相结合的原则。报告提出"将我们全党的学习方法和学习制度改造一下","对于在职干部的教育和干部学校的教育,应确立以研究中国革命实际问题为中心,以马克思列宁主义基本原则为指导的方针,废除静止地孤立地研究马克思列宁主义的方法"。① 同年 8 月 27 日,毛泽东在中央政治局会议上更是号召:"要采用革命的精神,对干部教育、学校教育、国民教育都要有一个大的改造。"② 正是在这一背景下,从 1941 年 9 月开始,中央党校曾"停止学习原有的五门课,改学抗战以来的政治、经济、军事、文化。其教材就是当时延安时事问题研究会编的抗战中的中国政治、经济、军事、文化四本书。课程改变之后,党校对原有的教研室也作了相应的调整,将原有的四个教研室合并为两个——时事政策研究室和理论研究室,分别由杨英杰和宫释夫任主任"③。

1946 年 4 月 8 日,邓发与王若飞、博古、叶挺等人由重庆回延安时,因飞机失事不幸遇难。

毛泽东主持下的中央党校（1942 年 2 月—1947 年 3 月）。毛泽东从 1942 年 2 月开始直接主持中央党校工作,直到 1947 年 3 月中共中央撤离延安,中央党校停办。

1941 年至 1943 年,毛泽东先后三次对中央党校进行改组。改组后的中央党校,不论在办学目的、方针,还是教学内容、方法等方面都发生了重大变化。

第一次改组。1941 年 12 月 17 日,中央政治局会议同意

---

① 《毛泽东选集》（第 3 卷）,人民出版社 1991 年版,第 795—802 页。

② 逢先知主编:《毛泽东年谱（1893—1949）》（中卷）,人民出版社、中央文献出版社 1993 年版,第 324 页。

③ 王渔:《邓发任校长前期的延安中央党校》（上）,载《学习时报》2011 年 12 月 5 日第 16 版。

《对目前党校的整理办法》。决定将军政学院合并于中央党校，将在延安的七大代表编入中央党校，从中央机关选调一些高级干部入中央党校学习。[①] 这是毛泽东对中央党校进行的第一次改组，改组后的中央党校对党校教育的目的、学生入校条件、学生来源、班次设置、学生待遇、修业年限、开学时间、学校组织机构等，都作了详细规定。学校办学目的改为培养党政高级干部，县级班和文化班都取消。同时，健全了学校组织结构，延长了学制。学校班次设置方面由数字编班改为按文化程度编班。由于学员人数大为缩减，主要编为高级班和高级预备班，在此基础上又分正科、预科。教学方面更注重理论联系实际，大大加重了时事问题课程的比重。改组后的中央党校组织结构，主要设有校长、秘书长、教育处、校务处、校务会议、总支委等职位和机构。党校直属中央宣传部，处理党校日常事务的机构是中央党校管理委员会。1941 年 12 月 1 日中共中央政治局在讨论中央宣传部起草的关于延安干部学校决定草案时，经毛泽东提议，成立了由任弼时、陈云、邓发三人组成的中央党校管理委员会。12 月 17 日，中央政治局又决定增补王稼祥、洛甫（即张闻天）参加中央党校管理委员会。[②]

与此同时，毛泽东提出了中央党校校训应是"实事求是，不尚空谈"。[③]

第二次改组。1942 年 2 月 1 日，中央党校举行开学典礼，

① 中共中央文献研究室编：《任弼时年谱》，人民出版社、中央文献出版社 1993 年版，第 415 页。

② 中共中央文献研究室编：《任弼时年谱（一九〇四——一九五〇）》，中央文献出版社 2004 年版，第 414 页。

③ 《彭真传》编写组编：《彭真年谱》（第 1 卷），中央文献出版社 2012 年版，第 205 页。

毛泽东作了《整顿学风党风文风》的报告。8 日，毛泽东又在中央党校大礼堂给延安干部作了《反对党八股》的报告。以此为标志，全党范围内的整风运动正式启动。为了更好地推进整风运动，28 日，毛泽东在中共中央政治局会议上明确提出："党校课程要改造。现在党校教中国近代史及西方史，离现实太远。应首先进行反对主观主义与宗派主义的教育，总课题为党的路线，研究季米特洛夫论干部政策与干部教育政策、列宁《共产主义运动中的"左派"幼稚病》和《六大以来》。"① 会议通过了《中央政治局关于党校组织及教育方针的新决定》。这就是毛泽东对中央党校的第二次改组。改组后的中央党校直属中央书记处并由毛泽东负责政治指导，由邓发、彭真、林彪三人组成新的管理委员会。毛泽东、任弼时分别负责中央党校的政治指导和组织指导，邓发主持校务会议。从这时开始，邓发虽名义上还挂着党校校长头衔，实际上已不太起作用；彭真担任教育长，主持政治教育会议；林彪主持军事教育会议。由于林彪并未到校，因此党校的日常工作都是在彭真领导下进行的。党校在教学内容上废除了原有课程，只学党的路线。最后，扩大了学校规模，不仅将军事学院高级班归并党校，还要求延安各机关学校高级干部（包括高级学习组）以 300—400 人为限参加党校学习。

4 月 1 日，《解放日报》以《中央党校再度改组告竣，确定新教育计划》为题对此进行了报道。报道指出：中央党校"再度改组的目的，据负责中央党校政治教育的彭真同志谈，'是使党校教育能完全吻合毛主席整顿三风的精神'"。中央党

① 逄先知主编：《毛泽东年谱（1893—1949）》（中卷），人民出版社、中央文献出版社 1993 年版，第 366 页。

校"教育内容将以辛亥革命至今的中国历史为基础，以马列主义的思想方法，了解中国革命的基本问题。其中包括有各时期革命不同的政治环境，党的思想方法，党的政策，以及组织问题，军事问题，使党的建设，哲学思想等类课程，得以有机的联系起来，不致再行割裂，理论与实际脱节。学习方法，系采用毛泽东同志所谈的'古今中外'法，由古至今，由中至外，先从中国革命的实际问题中学习掌握马列主义的思想方法，再吸取中国以外的东西"。①

▲延安北关小沟坪中央党校旧址

第三次改组。1943 年 3 月，当时中共中央为了加强党的一元化领导，决定对中央机构进行调整与精简。20 日，中共中央政治局通过了《中共中央关于中央机构调整及精简的决定》，推定毛泽东为政治局主席，并决定他为书记处主席。决定规定："在中央政治局及书记处之下，设立宣传委员会与组织委员会。这两个委员会，是政治局和书记处的助理机关。"

---

① 《中央党校再度改组告竣，确定新教育计划》，载《解放日报》1942 年 4 月 1 日第 1 版。

毛泽东任宣传委员会书记，刘少奇任组织委员会书记。并决定中央党校由宣传委员会管理，由"毛泽东同志兼任校长，彭真同志任副校长"。为了推进整风、统一全党，将各地干部纳入中央党校学习。中共中央 1943 年 1 月 1 日作出《关于征调敌后大批干部来陕甘宁边区保留培养的决定》："估计到敌后形势与将来的反攻，我们必须有最大的决心抽调一大批干部来延保留与学习。"① "在华北华中大批党政民干部来延后，中央党校应开办第二期。"②

改组后的中央党校开办了第二期，壮大了学校规模。党校校长明确由毛泽东亲自兼任。彭真由教育长升为副校长，具体贯彻落实毛泽东的整风精神。

中央党校经过三次改组，毛泽东取消了党校原有的按数字编班设置，而按文化程度分设正科、预科。正、预科下面又设班，即支部（一个班为一个支部），支部设有支部书记、学习委员、生活委员、组织委员等，组成领导核心。学校开展各项工作时，一般以支部为单位进行。这是党校的最基层领导单位。这种正科、预科的班次设置一直持续到 1943 年中央党校开办第二期前。实际上，毛泽东原本也想按正科、预科的班次设置来接纳第二期学生。这主要体现在 1943 年 3 月 28 日由毛泽东、彭真签发的《中国共产党中央党校第二期招收新生简章》中。但随着人员的大量增加，毛泽东最终决定成立党校一、二、三、四部来接纳第二期学生。当时各部均设有主任、副主任，并下设学员支部（一般由支部书记、学习干事和生活

---

① 中央档案馆编：《中共中央文件选集》（第 12 册），中共中央党校出版社 1986 年版，第 169 页。

② 中共中央文献研究室等编：《建党以来重要文献选编（1921—1949）》（第 20 册），中央文献出版社 2011 年版，第 171—175 页。

干事组成）。1944 年，又成立了五、六部。1945 年抗战胜利后，学员们奔赴全国各条战线，各部也相继取消。1945 年 9 月 16 日，彭真（被任命为东北局书记）离开延安，奔赴东北地区。1946 年初，第五部从中央党校划出，恢复原西北局党校建制。此后，中央党校的人员迅速减少。

1947 年 3 月，中央党校随中共中央撤离延安后，延安中央党校的历史正式宣告结束。

◎ 延安指数

人口指数

1935 年 10 月，红军主力部队长征到达陕北后，剩下 7000 人左右。当务之急就是"扩红"——招募青壮年人口参加红军，补充部队编制和战斗力。此后的十余年间，陕北延安采取多种方式方法，大量吸引人才，更大量地招募移民人口。1940 年 3 月 1 日，陕甘宁边区政府发布《陕甘宁边区政府优待外来难民和贫民之决定》，决定中给予了到陕甘宁边区的难民和贫民多项优待政策，如：允许难民或贫民可自行移入；移入边区居住可登记与优待，可得到生产工具；免纳二年至五年之土地税（或救国公粮）；可酌量减少或免除义务劳动负担及享受和边区人民同等之民主权利。同时规定各级政府不得有强迫服兵役、劳动服役、交纳捐税的行为。在交通上，政府帮助给予便利，就近请求八路军各兵团政治部介绍。[1] 1937 年到 1945 年，边区共接收了 63850 户移、难民，共计 266619 人，其中延安是安置移难

---

[1] 中央档案馆等编著：《陕甘宁边区抗日民主根据地》（文献卷·下），中央党史资料出版社 1990 年版，第 183—184 页。

民最多的县，1937 年，延安县的户口是 7073 户，人口 33705 人，到了 1942 年，户口增加到 16446 户，人口增加到 64292 人。① 大量的移难民对边区的农业生产和兵源补充起到了非常大的作用。

1937 年 1 月，中共中央进驻延安。延安城本地居民大约 3000 人。此时部署在延安的共产党守备部队实有兵力总计 4000—5000 人，共分为五个团。②

1937 年 8 月，115 师之辎重营、炮兵营，120 师之特务营、炮兵营、辎重营、工兵营及 718 团，129 师之特务营、工兵营、炮兵营、辎重营及 385 旅 770 团共 9000 人组成八路军留守兵团。③

1938 年 4 月，陕甘宁边区保安司令部及所辖地方部队，统归留守兵团指挥。此时边区共有一个旅十个团，十个保安大队，一个独立营，总兵力达 15514 人。④

1939 年 12 月，留守兵团的总兵力为两个旅十三个团共 22616 人。⑤

1938—1939 年边区与国民党军队开始发生摩擦，中共中央被迫从前线撤下三个团来加强守备部队，此时守备部队增加 6000—9000 人。⑥

1940 年 10 月，在延安的脱产人员有 7.3 万人。⑦ 至年底，

---

① 黄正林：《陕甘宁边区乡村的经济与社会》，人民出版社 2006 年版，第 165 页。
② 朱鸿召：《延安日常生活中的历史》，广西师范大学出版社 2007 年版，第 4 页。
③ 房成祥、黄兆安主编：《陕甘宁边区革命史》，陕西师范大学出版社 1991 年版，第 120—121 页。
④ 房成祥、黄兆安主编：《陕甘宁边区革命史》，陕西师范大学出版社 1991 年版，第 121 页。
⑤ 房成祥、黄兆安主编：《陕甘宁边区革命史》，陕西师范大学出版社 1991 年版，第 121 页。
⑥ 朱鸿召：《延安日常生活中的历史》，广西师范大学出版社 2007 年版，第 5 页。
⑦ 中国延安干部学院编：《案例教材》，中国延安干部学院 2008 年版，第 69 页。

边区兵力为三个旅十四个团共 31609 人。①

1941 年，留守兵团辖三个旅二十个团，边区兵力为31777 人。②

1942 年 5 月，在延安的党政干部有 1.2 万人，陕甘宁边区民众人口约 160 万，军队约 10 万人。③ 其中留守部队的兵力为五个旅二十一个团 32292 人。④

1943 年秋，在延安的部队兵力有八个旅二十三个团共3.65 万人，老百姓约 1 万人。部队人数约是本地居民人口的四倍。⑤

处于战争环境下的延安，其边区人口工作的指导思想是发展生产，提高出生率，降低死亡率，反对堕胎，加速人口自然增长率，大力吸收各类人才，大量招揽各种移难民，增加人口。随着边区经济的发展和人口的自然增长，边区人口增加迅速，1941 年边区总人口为 135 万，1946 年增长为 159 万，这159 万中尚不包括部队、机关、工厂、学校人数，而且某些县份的数字是 1944 年的统计数字。⑥ 除此之外，边区增加的人口还包括投奔边区的青年学生、党政机关和军事人员，从国统区和沦陷区逃至边区的移民，如经八路军西安办事处介绍到延安

---

① 房成祥、黄兆安主编《陕甘宁边区革命史》，陕西师范大学出版社 1991 年版，第 121 页。

② 房成祥、黄兆安主编：《陕甘宁边区革命史》，陕西师范大学出版社 1991 年版，第 122 页。

③ 朱鸿召：《延安日常生活中的历史》，广西师范大学出版社 2007 年版，第 5 页。

④ 房成祥、黄兆安主编：《陕甘宁边区革命史》，陕西师范大学出版社 1991 年版，第 122 页。

⑤ 房成祥、黄兆安主编：《陕甘宁边区革命史》，陕西师范大学出版社 1991 年版，第 122 页。

⑥ 《陕甘宁边区户口区划统计表》，载陕西省档案馆、陕西省社会科学院编：《陕甘宁边区政府文件选编》（第 11 辑），档案出版社 1991 年版，第 246 页。

的知识青年 1938 年 5 月到 8 月四个月就达到了 2288 人，[1]
1937—1945 年，由河南、宁夏、山西、河北等移来的移民人数
达 29 万人，多数移难民转化为边区的农业人口，一些外来人
员留居在县城。[2]

　　1946 年 10 月，陕甘宁边区政府选举委员会提供的确切统
计资料显示，延安市区老百姓人口总数为 1.237 万人，比 1937
年时增加了四倍，陕甘宁边区人口总数为 159.395 万人。这点
充分说明了人口工作的指导思想取得了很大成效。据陕甘宁边
区民政厅统计，1937—1945 年，边区共接受移民 6.385 万户，
人口 26.662 万，外加 5 万多人的还乡难民，人口总迁移量达
到 27.662 万人。延安及陕甘宁边区的人口年平均增长率持续
在 5‰—20‰，属于典型的非自然增长状况。在 1946 年的边区
农村总人口中，全劳力就高达 33.876 万人。这种以移民为主
体的人口迅速增长，为农业生产和兵力补充提供了可靠而有力
的保障。[3]

　　1937 年，非农人口 14000 人，占总人口比重 1.03%，

　　1938 年，非农人口 16000 人，占总人口比重 1.17%，

　　1939 年，非农人口 49686 人，占总人口比重 3.64%，

　　1940 年，非农人口 61114 人，占总人口比重 4.48%，

　　1941 年，非农人口 73117 人，占总人口比重 5.37%，

　　1942 年，非农人口 170176 人，占总人口比重 12.5%。[4]

---

　　① 房成祥、黄兆安主编：《陕甘宁边区革命史》，陕西师范大学出版社 1991 年
版，第 619 页。
　　② 黄正林：《论抗战时期陕甘宁边区的社会变迁》，载《抗日战争研究》2001
年第 3 期，第 38 页。
　　③ 朱鸿召：《延安日常生活中的历史》，广西师范大学出版社 2007 年版，第 6 页。
　　④ 严艳：《陕甘宁边区经济发展与产业布局研究（1937—1950）》，中国社会科
学出版社 2007 年版，第 231 页。

▲边区制药厂在晾晒中药

从边区非农业人口增长情况可以看出边区的非农业人口不断增加，1937 年时，边区的非农业人口占总人口的比重为 1%左右，至 1942 年，边区的非农业人口占总人口的比重为12.5%。人口的大量增加，尤其是非农业人口的大量增加导致边区城市化水平不断提高，促进了城市的发展。

陕甘宁边区，无论是原当地居民，还是新的移民、难民，男女性别比例大体上是平衡的。1945 年 10 月边区选举委员会统计的边区人口总数中，男性 8.44 万人，女性 7.5 万人，男女性别比为 1.13：1，属于正常状态。可是延安革命队伍的男女比例却严重失调，1938 年前后，男女比例为 30：1。1941 年前后。男女比例为 18：1。形成这种严重失调的男女比例关系的原因是长征到陕北延安的革命队伍，绝大部分都是男性。一大批青年学生为了抗战，从沦陷区、国统区和大后方奔赴延安，献身革命，才缓解了革命队伍里严重倾斜着的男女性别比例关系。到 1944 年 4 月，男女比例为 8∶1。① 这个比例关系基本维持到党中央撤离延安。

生活指数

在边区，生活指数中最重要的是解决温饱问题，也就是粮食问题，这是边区最大的一个问题，也曾是引起党与群众关系紧张的重要原因。边区的粮食主要来源于两个方面：一个是征粮，另一个是靠边区政府拨款采购。自 1940 年 10 月起，陕甘宁边区开始面临十分严峻的经济困难。这时，国民党不仅停发八路军每月 60 万元军饷，还对抗日根据地进行严密的经济封锁，边区的外援也几乎全部断绝。国民党还"禁止必需品如棉花、铧、铁、布匹等入口，阻挠扣留边区商人，提高税率，不许边区土特产向外推销"等。② 与此同时，边区内还遭受了严重的自然灾害，灾情几乎波及每一个县。毛泽东回想这段历史时曾指出："最大的一次困难是在 1940 年和 1941 年"，那时我们"弄到几乎没有衣穿，没有油吃，没有纸，没有菜，战士没有鞋袜，工作人员在冬天没有被盖。国民党用停发经费和经济封锁来对待我们，企图把我们困死，我们的困难真是大极了"③。肖劲光对于国民党的严密经济封锁回忆道："我刮胡须使用的几片刀片，是我 1930 年以前在苏联学习时买的。回国后已用了八九年了……但由于用的时间实在是太长了，怎么磨也还是不锋利，刮起胡须来，还是疼痛难忍。其实，小小刀片，在西安等大城市都能买到，但由于顽军封锁，许多急需物资都进不来，这类小商品就更谈不上了。"从 1941 年 3 月，延

---

① 朱鸿召：《延安文人》，广东人民出版社 2001 年版，第 88 页。

② 陕西省档案馆等编：《抗日战争时期陕甘宁边区财政经济史料摘编》（第一编），陕西人民出版社 1981 年版，第 142 页。

③ 《毛泽东选集》（第 3 卷），人民出版社 1991 年版，第 892 页。

安部分地区就出现了断粮现象。中共中央和边区政府经过再三研究，决定1941年征粮20万担，比1940年9万担增加了一倍多，比1938年的1.5万担增加了十多倍。延安县川口区从1940年缴纳公粮280石，到1941年缴纳850石，尽管1942年出现风灾虫害，1942年仍缴纳公粮635石。① 群众负担加重，普遍出现了不满情绪。毛泽东就如何克服这种军民交困的局面给出了答案，就是"自己动手，丰衣足食"。正是在这一伟大号召下，陕甘宁边区的广大军民用自己的双手辛勤劳动，成功度过了最困难的1941和1942年。其中军队和机关学校靠自己动手而解决的部分，就占了在延安革命队伍整个需要的大部分。毛泽东誉其为"中国历史上从来未有的奇迹"。②

▲抗战时期延安城内场景

① 张水良：《抗日战争时期中国解放区农业大生产运动》，福建人民出版社1981年版，第17页。
② 《毛泽东选集》（第3卷），人民出版社1991年版，第894页。

　　萧劲光在描述 1939 年 1 月八路军留守兵团的生产运动的文章中写道："1938 年 7 月前，部队在给养方面我们每一个指战员每天只有五分菜钱，一斤半粮食。以当时市价每元只能购买蔬菜三四十斤，清油只能购买二斤，柴火只能购一百斤。假如每连人以一百人计算，每天只有五元的菜食钱。如果按照每人每天需要二斤蔬菜，五钱油，与两钱盐，和共需二百斤柴火计算；那么，每天要买到蔬菜就买不到油盐柴火，要买到柴火油盐就买不到蔬菜了，吃猪肉则根本谈不上。且有时，因粮食接济不上，经常发生吃不饱饭的情形，有的连队因蔬菜不够，利用陕北食盐便宜，而多放盐，节省蔬菜，但此仍非根本之办法。"[1] 留守兵团的生活在延安和老百姓、其他部队、学校相比较是最苦的。到了 1939 年 1 月，经过了半年的生产运动，各个部队都建立了磨坊，磨坊的建立，使得每斗麦子可比老百姓磨得多出十余斤面，而且可得到麦皮喂猪，喂牲口，因此马料费可节省许多。鞋子、袜子、手套，每人都有两双以上（草鞋不在内），多的有五六双、十余双不等，使当年冬季战士无冻馁之虞。蔬菜大面积种植，猪羊大批喂养，战士们积极砍柴烧炭，等等。因此在伙食方面亦大大改善，不但油盐增加，且每周还可得两餐肉食。大生产运动不仅改善了部队的生活，同时在军备上也得到了部分补充。[2] 在延安，人们过着供给制的集体生活。对来到延安的客人或者学生，在温饱问题上是有保障的。一位 1939 年 3 月进延安马列学院学习的学员回忆："当时的生活很艰苦，每日小米（糠不少）一斤，蔬菜一斤半，

---

　　① 中央档案馆等编著：《陕甘宁边区抗日民主根据地》（文献卷·下），中央党史资料出版社 1990 年版，第 286 页。

　　② 中央档案馆等编著：《陕甘宁边区抗日民主根据地》（文献卷·下），中央党史资料出版社 1990 年版，第 288 页。

油三钱，盐五钱。每周一顿二米饭（小米掺杂大米）或馒头，菜汤上漂几片肉，节日可吃到一顿大米饭。每月零用费一元。"①鲁迅艺术学院的一位鲁艺同学回忆，他们年龄普遍年轻，有的甚至还是十几岁的大孩子，正是长身体的时候，伙食单调，油水不多，平时就是小米干饭，菜是熬萝卜条，偶尔有个菠菜汤。"每星期吃一顿面条，里面掺的猪肉，味道怪鲜的；用大木桶盛的，打饭各人围着木桶去盛，都是青年学生，人挤人抢面条，怕迟了吃不到了。"1942年2月考进延安大学的学生燕斌的伙食情况是，从春末到秋初一日三餐，早晚小米干饭，中午小米稀饭（无菜）；秋末到春初一日两餐，都是小米干饭，吃小米干饭有菜，但数量有限，而且缺少油水。蔬菜主要是陕北生产的洋芋、南瓜和白菜，夏初至秋末配给一些菠菜、茄子、西红柿等新鲜蔬菜。不论吃什么菜，差不多都是"一锅煮"，菜汤各半。吃饭时由各班值日掌勺，每人一小铁勺，或者稍多一点。会餐和逢年过节时，菜里有肉，有时还加一个炒菜，一般由班上生活干事掌勺，按人分配。日常伙食除了菜限量，吃饭不限量。②

从1938年、1942年进入延安这三个学校的学生生活来看，在延安的生活虽然艰苦，但是温饱问题还是可以得到保障的。从他们的回忆当中，可以看出1942年比1938年的伙食标准稍有提高，至少吃饭不限量，这是大生产运动所带来的实实在在的实惠。

1940年大生产运动后，各单位的伙食稍有改善，能够吃上馒头，菜里的肉片也多了。就连延安日本工农学校原来每天

①　吴介民：《延安马列学院回忆录》，中国社会科学出版社1991年版，第182页。
②　燕斌：《延安生活片断》，甘肃少年儿童出版社1990年版，第14—15页。

主食小米此时变成面食，并且逐渐地每周还可以吃上一餐大米饭。该校的学员都是日本俘虏，为了体现优待政策，他们的伙食会比延安学校正常的学员要好一些。延安日本工农学校（战俘学校）的食谱：

星期一

早饭：羊肉炒萝卜、炖牛肉、豆腐、白菜、粉条、西红柿汤；

午饭：面条；

晚饭：素炒青菜、炖白菜、猪肉丸子汤。

星期二

早饭：羊肉炒土豆、炒菠菜、豆腐汤；

午饭：疙瘩汤；

晚饭：油炸丸子、汤。

星期三

早饭：猪肉炒白菜、卷心菜汤；

午饭：面条；

晚饭：煎肉丸子、炖南瓜、西红柿汤。

星期四

早饭：羊肉炒土豆、炒菠菜、豆腐汤；

午饭：疙瘩汤；

晚饭：色拉、裹面油炸茄子、卷心菜汤。

星期五

早饭：牛肉炒白菜、西红柿汤；

午饭：面条；

晚饭：蒸鸡蛋羹、南瓜甘薯泥栗子、萝卜汤。

星期六

早饭：猪肉炒白菜、白菜豆腐汤；

午饭：疙瘩汤；

晚饭：炖菜、蒸南瓜、醋拌凉菜。①

大生产运动后，当地老乡的生活也改善了，街上的饭馆里可以买到大米饭、馒头和面条以及肉食菜，各机关学校食堂虽然还是以小米为主，但副食品花样多了，一天基本可以吃上一顿肉。

党中央为克服生活资料匮乏的困难、减轻人民的赋税负担、缓解紧张的军民关系，开展大生产运动。八路军359旅赴南泥湾开发，到1945年，边区的耕地面积有1425.6万亩，比1937年的826.6万亩增加599万亩，单在1943年一年边区开荒的耕地达到97622亩。粮食总产量从1937年126万石增加到1943年的181万石，除了满足当年的消费外，有了21万石余粮。除吃、用全部自给外，达到了边区政府提出"耕一余一"的口号。② 延安时期，几万人的革命队伍能够解决温饱问题是非常了不起的事情。

金融指数

延安革命队伍里实行供给制，队伍里按照不同的级别等差无偿供给，个人需要购买的东西很少。在边区，很多地方存在物物交换的贸易形式，但延安时期仍然发行货币。市面上流通的货币先后有苏票、法币、光华券、边币、流通券等。

苏币。最初红军带到延安的钱是"苏票"，即"苏维埃国币"，又称苏币。早在1932年2月中华苏维埃共和国国家银行便创立，7月7日开始发行统一的新纸币"苏维埃国币"，面额为一元、五角、二角、一角、五分共五种。1934年10月红军长征

---

① ［日］香川孝志、前田光繁：《八路军中的日本兵》，长征出版社1985年版，第54—55页。

② 黄正林：《陕甘宁边区乡村的经济与社会》，人民出版社2006年版，第162页。

▲抗战时期延安保育院的孩子们

时，时任苏维埃国家银行行长毛泽民奉命携带苏维埃国家银行的160多担黄金、白银和苏币，组成特别大队，保证红军给养，同时还兼负管理沿途运输、接收打土豪的财物、筹粮筹款等项工作。[①] 1935年10月19日，银行随红军长征到达陕北，1935年11月，银行迁到瓦窑堡时，仅余两担金子及少量资料。[②] 1936年6月底，为适应抗日形势需要，银行更名为中华苏维埃人民共和国国家银行西北分行，并以西北分行的名义发行五元、二元、一元、五角、二角、一角、五分、一分的苏币。[③]

---

① 余伯流：《中央苏区经济史》，江西人民出版社1995年版，第435页。

② 陕甘宁边区金融史编辑委员会编：《陕甘宁边区金融史》，中国金融出版社1992年版，第30页。

③ 陕甘宁边区金融史编辑委员会编：《陕甘宁边区金融史》，中国金融出版社1992年版，第32页。

从 1935 年到 1937 年 1 月，由于财政收入减少、商品流通和供应不足、苏币的发行量增加，外加时局的不稳定等因素影响，苏币发生贬值。"1936 年 7 月，西北分行刚到保安时，一元苏币可买一只羊，到了年底离开时，就只能买到一副羊下水了。"① 随着国共合作局面的形成，1937 年 9 月，中华苏维埃共和国临时政府驻西北办事处更名改制为陕甘宁边区政府。10月 1 日苏维埃国家银行西北分行也相应地改名为陕甘宁边区银行，承认并允许法币在苏区流通。② 同时西北分行在延安设立专门机构，按 6：1 的比价用商品将所发苏票兑回。③

法币。1935 年 11 月，国民政府实行币制改革，废除"银本位"制度，"废两改元"，改用统一的纸币流通，规定以中央银行、中国银行、交通银行三大银行（1936 年 2 月又增加了中国农民银行，共四大银行）所发行的纸币为法定货币，称"法币"。苏票一元与法币一元等值。

光华券。1938 年 3 月 1 日，陕甘宁边区银行接收了陕甘宁合作总社（贸易局对外名称），并与光华书店合并，成立了光华商店，该商店是归属于边区银行经营管理的当时延安最大的一家商店。④ 边区银行从 1937 年起的主要业务就是经营光华商店，并从 1938 年 7 月起以光华商店名义发行了小面额的"光华商店代价券"，简称"光华券"。抗日民族统一战线建立后，法币作为边区的本位币，但国民党政府发给八路军的军饷均是

---

① 曹菊如：《曹菊如文稿》，中国金融出版社 1983 年版，第 29 页。

② 黄正林：《陕甘宁边区社会经济史（1937—1945）》，人民出版社 2006 年版，第 211 页。

③ 陕甘宁边区金融史编辑委员会编：《陕甘宁边区金融史》，中国金融出版社 1992 年版，第 38 页。

④ 雷云峰等主编：《陕甘宁边区史》（抗日战争时期·上），西安地图出版社 1993 年版，第 197 页。

元以上的整币，给边区的市场贸易带来极大不便，边区政府多次向国民党当局交涉，仅同意给十分之一的小票。1937 年 1 月到 1938 年 6 月，中央银行一共兑换辅币小票 2000 元，实不足以适应日常市场交易，曾经在一段时间里使用邮票作为找零。① 在国共合作期间，边区不能以银行的名义发行钞票，边区为找零需要，开始发行票面为五角、二角、一角、五分、二分，后又增发七角五分的"光华券"共六种，作为法币的辅币。光华券以光华商店资本作为保证，持券者可到光华商店如数兑换法币，因为信用很好，流通范围甚至出现了超出边区的情况。② 光华券在边区当作法币的辅币流通后，尽管法币仍然是边区流通的主币，但在某种程度上对法币形成了挑战。一年后，国民政府得知边区发行光华券后，国民政府财政部部长孔祥熙要求边区停止使用和发行光华券，指责光华商店"妨害币政，极应严予取缔"。③ 陕甘宁边区政府主席林伯渠分别于 1939 年 4 月 7 日、8 日给孔祥熙及国民政府军事委员会天水行营主任程潜电报和呈文辩解："边区境内，法币信用甚高，流通亦畅，惟于开始推行之期，流通市面之法币，多系五元、十元者，而零星辅币万分缺乏。以此影响物价之提高，有碍小民之生活与商业之繁荣。商人则因无辅币之找换，货物不易出售；农民则因需用品之不易购到，宁愿物物交换，不肯收受法币。遂致法币失去信仰，流通大受障碍。尤以客岁六月以前，辅币之缺乏已

①　黄正林：《陕甘宁边区社会经济史》（1937—1945），人民出版社 2006 年版，第 215 页。

②　闫庆生、黄正林：《陕甘宁边区经济史研究》（1937—1945），甘肃人民出版社 2002 年版，第 195 页。

③　陕西省档案馆、陕西省社会科学院编：《陕甘宁边区政府文件选编》（第 1 辑），档案出版社 1986 年版，第 231 页。

成严重问题，主币比辅币之价格低落十分之一，而尤以十元、五元之法币为甚。当经托请八路军驻陕办事处向中央银行、中国银行、交通银行、中国农民银行四行交涉，结果自民国二十六年一月起，直至二十七年六月，此一年半中，只由中央银行兑换辅币贰千元。杯水车薪，无济于事，而困难愈渐严重。各地商会、农会纷向本府环请，矧是之故，该光华商店为巩固法币流通，畅旺市场交易起见，业经呈请本府，准许发行二分、五分、一角之代价券。原系暂时权宜便民之计，而其流通范围只限于辅币缺乏之陕甘宁边区，并备有充足之保证金，且由各地合作社代办兑换，凡是一元之代价券，即可随时随地兑换法币。查自该代价券发行以来，深得人民之信仰，使法币流通畅达无阻，市面交易益臻繁荣。奏效良深，尚无不合处。"① 林伯渠的辩解，委婉地拒绝了国民政府责令停止发行光华券和取缔光华商店。于是，光华券被"认可"。

▲光华商店的五角代价券

① 陕西省档案馆、陕西省社会科学院编：《陕甘宁边区政府文件选编》（第1辑），档案出版社1986年版，第231—232页。

第二次国共合作受到破坏后，延安物价猛涨，法币狂跌，陕甘宁边区财政供给出现困难，于是在开展大规模生产运动的同时，扩大光华券的发行，光华券在 1938 年 7 月发行了 10 万元，至 1939 年 12 月共计发行 31 万元。1940 年 9 月起，国民党政府由拖欠而停发每月给八路军的军费 60 万元，为周转财政，调剂金融，到 12 月增加发行到 310 万元。① 光华券从 1938 年 7 月开始发行，1941 年 2 月停止，共发行 4307215 元，其中，一分币约 4000 元，五分币约 9000 元，一角币约 20000 元，二角币约 50000 元，五角币为 2100000 元，七角五分币约 1900000 元。②

边币。1941 年，"皖南事变"发生后，1 月 28 日边区政府委员会决定独立发行边区自己的货币，简称"边币"，也称陕甘宁边区银行币。1 月 30 日，中共中央为打破国民党的经济封锁，促进边区经济发展，颁布法令《关于停止法币行使的布告》，禁止法币自公告之日起在边区范围内流通。③ 2 月 18 日，边区银行正式发行边币，最初发行的票面为一元、五元、十元，与光华代价券辅币配合使用。④ 2 月 22 日，边区发布《废止法币实行边币的训令》，指出："第一，发行边钞是为了建立正规的边区金融制度，逐渐换回光华代价券，使边币成为唯一的边区通货本位。第二，边币发行是有限的，它以盐税货物

---

① 雷云峰等主编：《陕甘宁边区史》（抗日战争时期·上），西安地图出版社 1993 年版，第 199 页。

② 边区银行：《银行报告》，载陕西省档案馆等编：《抗日战争时期陕甘宁边区财政经济史料摘编》（第五编），陕西人民出版社 1991 年版，第 119 页。

③ 中央档案馆等编著：《陕甘宁边区抗日民主根据地》（文献卷·下），中共党史资料出版社 1990 年版，第 341 页。

④ 陕甘宁边区金融史编辑委员会编：《陕甘宁边区金融史》，中国金融出版社 1992 年版，第 88 页。

税作保证，一俟边区经济恢复，边钞就得从法币影响之下解放出来，回到能兑换现金的地位。第三，发行边钞使人民免受法币狂跌的损失。第四，因为法币停止流通后，法币在边区的市场就腾出来了，而光华券没有一元以上的，故须发行边钞以资周转。第五，因为要发行公债，使人民能够认购公债，所以要发边钞。"① 训令既告发行边币的原因，又确定了"边币成为唯一的边区通货本位"的政策。② 法币在边区禁止流通后，边币无法直接到国统区使用，这个时候就出现了需要用外汇的问题。皖南事变以后，国统区和边区的民间贸易并没有停止，边区很多商品需要从国统区购买，在边区被禁止的法币被当作"外汇"来使用。为了贸易和对法币斗争的需要，边区在各贸易口岸设有货币交换所，以兑"外汇"。5 月，随着金融波动，边区政府开始确立了由银行统一办理边币与法币的交换业务的主导思想。10 月，边区银行通过指定的裕顺通（当时延安较大的商号）参加黑市上的法币买卖，由银行指挥操作，以黑市制约黑市，暗中调节边币与法币的比价。同时进行公开买卖法币的试点，经过一个多月的实践，12 月，边区政府根据实际要求，授权各地银行和贸易局组织货币交换所，承办法币交换业务，③ 先后公布了《陕甘宁边区货币交换章程》《破坏金融法令惩罚条例》《战时法币管理办法》《陕甘宁边区银行管理外汇办法》等来规范和管理法币的流通和使用。为调节和稳定金融，除了使用边币外，边区还通过食盐统销来控制盐价而达

---

① 陕甘宁边区政府档案，卷 211，庆阳地区档案馆藏。

② 闫庆生、黄正林：《陕甘宁边区经济史研究（1937—1945）》，甘肃人民出版社 2002 年版，第 196 页。

③ 陕甘宁边区金融史编辑委员会编：《陕甘宁边区金融史》，中国金融出版社 1992 年版，第 91—92 页。

到稳定金融的目的。1941 年 10 月 17 日，时任边区银行行长的南汉宸在边区专员县长联席会议上作关于财政工作的报告谈到："货币要巩固，一定要有一种物质作保障，我们边币的物质保障是盐，只有用大批的盐当作外汇，去换回法币和必需品来，才能使边币达到巩固。"[1]

▲边币

从 1941 年 2 月至 1943 年 12 月 15 日，边币共发行的币种有一角、二角、五元、十元、五十元、一百元、二百元、五百元、一千元、五千元等十种，另有本票五百元、一万元、五万元三种。[2] 1941 年 2 月，发行 42600 元，到 6 月，共

① 朱鸿召：《延安日常生活中的历史》，广西师范大学出版社 2007 年版，第 20 页。
② 中国人民银行金融研究所：《中国革命根据地货币》（上册），文物出版社 1982 年版，第 189 页。

发行了 11052110 元。① 由于皖南事变发生后，国民党实行经济封锁，边区对边币的发行速度过快，导致了 5 月金融波动，边币币值下跌，物价猛增，甚至出现了一些地方拒用边币的情况。② 从 7 月开始到 12 月，边区及时调整发行政策，并规定凡边区政权所及区域不拒用边币，边区内的市场一切交易以边币作价，按公开牌价与法币实行交换等措施，对平稳金融和推行边币起到了很好的作用。③ 到 12 月，边币累计发行 27373165 元，月平均递增不到 10%，其中 11 月只发行 105 万元，仅比 10 月递增 4.6%。④ 1942 年 1 月起，边区的经济形势有了一定转机，尤其是 7 月以后，华中汪伪政权宣布通货统一令禁止使用法币，大量法币自沦陷区流向大后方，大后方出现用法币抢购物资的现象。法币市场的大环境有利于边区金融市场的调整，国统区开始对货物限价后，大批货物流入边区，边区政府重申禁止法币的通令，各种有利条件使边币发行进入一个比较稳定的时期。从 1 月起到 6 月，边币发行每月递增约 8.8%，其中 4 月只有 1.2%。6 月以后，由于沦陷区贬低法币价值，法币下跌，物价上涨。边区利用这有利时机，从 7 月 12 月，共发行边币 73450000 元，平均月递增 18%，虽比上半年递增率高出 9.2 个百分点，由于边区的物价未出现波动，这也导致了边币与法币的比价有所提高。延安市 7 月，100 法币与边币

---

① 闫庆生、黄正林：《陕甘宁边区经济史研究》(1937—1945)，甘肃人民出版社 2002 年版，第 197 页。

② 闫庆生、黄正林：《陕甘宁边区经济史研究》(1937—1945)，甘肃人民出版社 2002 年版，第 198 页。

③ 闫庆生、黄正林：《陕甘宁边区经济史研究》(1937—1945)，甘肃人民出版社 2002 年版，第 199 页。

④ 闫庆生、黄正林：《陕甘宁边区经济史研究》(1937—1945)，甘肃人民出版社 2002 年版，第 198 页。

的比价为 325，到 12 月的比价则降到 209。从这些数据可以看出，这一时期的货币发行政策是正确的。[1] 1943 年 1 月到 12 月，边币以按照西北财经办事处确定的发行用途、分配指示和根据时局需要来发行，至 12 月，边币共累计发行了 228270000 元，按 1 : 20 的比价折合成流通券 11413500 元。[2] 由于银行用来当储备的法币缺乏、边区发行货币的速度过快的原因，边币贬值，物价飞涨。从 1942 年底边币与法币的比价从 2.09 : 1 跌到 1943 年 7 月中旬的 11 : 1，到 1943 年 12 月边币与法币的比价则跌倒了 18 : 1。[3]

在一段时间里，边币与光华券可等值兑换，光华券可与法币等值兑换，然而边币与法币却无法等值兑换。光华券在发行之初作为法币的辅币并与法币等值，在边币发行之初，光华券在市场上仍有流通，也和边币的比价等值，由于边币和法币存在价差，这就出现了另外一个问题，急需出台货币管理政策以平衡比价。究其原因，是这一时期三种货币都同时存在，对光华券、边币、法币的关系很不明确，致使出现了有的群众用光华券当作法币向边区兑换的情况。为此，边区政府于 1942 年 1 月分别发布命令和布告，宣布所有延安光华商店代价券与边币等值流通，由边区银行负责接收，以后不得以光华商店代价券当作法币使用。[4]

---

① 闫庆生、黄正林：《陕甘宁边区经济史研究（1937—1945）》，甘肃人民出版社 2002 年版，第 200—201 页。

② 闫庆生、黄正林：《陕甘宁边区经济史研究（1937—1945）》，甘肃人民出版社 2002 年版，第 203 页。

③ 闫庆生、黄正林：《陕甘宁边区经济史研究（1937—1945）》，甘肃人民出版社 2002 年版，第 202—203 页。

④ 陕甘宁边区金融史编辑委员会编：《陕甘宁边区金融史》，中国金融出版社 1992 年版，第 89 页。

流通券。全称为"陕甘宁边区贸易公司商业流通券"，流通券名义上是贸易公司发行，实际上仍由边区银行发行。发行流通券是中央根据地边区的经济形势而采取的货币金融政策方面的一项新措施。1943年底，边区的物价和边币比价都在急剧上涨，边区制定了"物价慢涨，比价慢降"的政策，体现在货币发行上就是"货币慢发"的政策。为了实现"三慢"政策，西北财政办事处决定发行流通券，其目的在于打击法币，巩固稳定边币币值，扩大货币流通范围，融通金融资金。流通券的发行以陕甘宁边区贸易公司及其所属的西北土产公司、光华盐业公司、运输公司、南昌公司的全部财产作为发行基金，并由边区银行给予保证。① 1944年7月1日，边区政府发布了《为发行陕甘宁边区贸易公司商业流通券》的布告，流通券正式上市流通。② 流通券在发行决议中定价为1元等于边币15元，但在以后实际流通中为1元折边币20元。在1945年前发行有五元、十元、二十元、五十元、一百元、二百元、五百元七个币种。③ 1946年至1947年发行的币种还有一千元、两千元、五千元三种流通券。流通券从1944年开始发行，1948年1月停止。流通券发行后，逐渐取代边币成为边区本位币。1944年至1945年，边区政府多次发表布告、通令、通知等推行流通券。1944年7月1日，陕甘宁边区发布布告，要求"凡纳税交易还债等，一律通用"；7月29日，

---

① 中国人民银行金融研究所：《中国革命根据地货币》（上册），文物出版社1982年版，第203页。

② 陕西省档案馆编：《陕甘宁边区政府文件选编》（第8辑），档案出版社1991年版，第234页。

③ 中国人民银行金融研究所：《中国革命根据地货币》（上册），文物出版社1982年版，第202页。

西北局常委会发出《关于发行商业流通券致各地委电（第三号）》，对支持流通券提出多条具体要求；1945 年 5 月 1 日，西北财经办事处又发出《关于统一货币单位的通知》，通知明确指出：从 6 月 1 日起实行流通券为陕甘宁边区本位币和各单位各部门统一使用流通券。这几项措施颁布后，流通券的使用得到了一定的贯彻执行，但流通券并没有完全占领边区市场。流通券的推行存在两种情形，一种是边区中心地带，使用流通券较好，即绝大多数商人、群众使用流通券，只有少数人拒绝使用；一种是离国统区较近的地方，和国统区贸易往来较多，受国统区的影响较大，流通券使用较难，即只有少数商人、群众使用，绝大多数商民拒绝使用。这是由当时的政治、经济特点所决定的，仅靠政府法令是不能解决问题的。①

▲边币流通券

---

① 闫庆生、黄正林：《陕甘宁边区经济史研究（1937—1945）》，甘肃人民出版社 2002 年版，第 206—207 页。

从 1937 年到 1945 年，抗日战争的特殊时期，边区银行的货币发行基金因为没有黄金作为储备而只能选择法币。1937年 10 月，边区银行成立时，仅有 10 万元，可流通的资本为 4万元。1938 年，银行固定资本为 120 万元。1940 年，银行资产总额为 608 万元。1944 年 5 月，发行准备金 20000 万元，可供兑换的流通资本为 5000 万元。① 货币发行基金除了使用法币以外，还有以盐税、货物税、营业税等主要税种辅以牲畜买卖税、斗佣、羊子税、烟酒税等税收收入作为保证。1940 年以前，边区执行"与民休息"的经济政策，只征收盐税和救国公粮。1941 年皖南事变以后，边区的税收和制度才逐步得到重视，在特殊的历史时期、特殊的战时经济条件、特殊的地理环境可以提供的特产更是作为货币发行的保证之一。如 1941年 10 月，边区银行行长朱理治在给高岗、贺龙、林伯渠的报告中说"最好以特产做基金，是银行经常保持着三千七百五十斤特产"。边区银行行长曹菊如在一篇研究边币的文章中曾说："边币的发行，又有充分的物资保证，别的不去说他，只要用六千二百五十斤特产就可以把已发行的边币全部收回，而这个力量现在我们是能够拿得出来的。"② 说明特产在支持边币发行的重要性。从各个时期的货币发行基金储备情况可见边区的货币发行基金在不断增长。1941 年 5 月边币 1.5 元换法币 1元。③ 1942 年 5 月，边币 2.9 元换法币 1 元，6 月边币 3.2 元

① 黄正林：《陕甘宁边区社会经济史（1937—1945）》，人民出版社 2006 年版，第 514—515 页。

② 曹菊如：《边币问题》，载陕西省档案馆等编：《抗日战争时期陕甘宁边区时政经济史料摘编》（第五编），陕西人民出版社 1991 年版，第 215 页。

③ 黄正林：《陕甘宁边区社会经济史（1937—1945）》，人民出版社 2006 年版，第 520 页。

换法币 1 元。8 月，边币 2.9 元换法币 1 元。9 月，边币 2.2 元
换法币 1 元。10 月边币 2.15 元换法币 1 元。11 月，边币 2.11
元换法币 1 元。12 月，边币 2.09 元换法币 1 元。[1] 1943 年 8
月，边币 3.5 元换法币 1 元。9 月，延安边币 7.5 换法币 1 元，
庆阳边币 5 元换法币 1 元。[2] 12 月，在边区黑市的边币与法币
最高跌到 18∶1，像三边分区甚至拿边币买不到东西。从各
个不同时期边区发行的货币和法币的比价不断变化中可以看
出社会的跌宕起伏和特殊历史时期金融体系的不完善。西北
财政办事处于 12 月 17 日在金融形势最严峻的时候，提交西
北局作出了六项旨在稳定物价与金融的决定，其中最重要的
一条就是速卖特产一万二千五百斤。[3] 从事后看，一系列决
定并没有挽救边币贬值的历史命运，但是可以看出共产党在
特殊时期已经有信心和能力处理最严峻的金融形势和棘手的
经济问题。

　　物价指数。货币频繁变更的背后是物价的起伏波动。1945
年底延安的物价指数，是 1937 年初的 18259 倍。[4]

　　从延安的粮食价格变化上也可以看出物价指数的变化
（粮食价格中：每石以四十五斗计算；元为法币）。1937 年，
每石 15—20 元；1938 年，每石约 43 元；1939 年，每石约
67 元；1940 年，每石约 68 元。延安的物价相对稳定，而从
1939 年和 1940 年重庆的粮食价格变化就增高了 21 倍，1939

　　① 黄正林：《陕甘宁边区社会经济史（1937—1945）》，人民出版社 2006 年版，第 527 页。
　　② 王思华：《金融与物价》，载陕西省档案馆等编：《抗日战争时期陕甘宁边区时政经济史料摘编》（第五辑），陕西人民出版社 1991 年版，第 140 页。
　　③ 黄正林：《陕甘宁边区社会经济史（1937—1945）》，人民出版社 2006 年版，第 532 页。
　　④ 朱鸿召：《延安日常生活中的历史》，广西师范大学出版社 2007 年版，第 20 页。

年秋天，重庆的粮食价格每石约 10 元，1940 年夏天，每石约 165 元；秋天，每石约 250 元；冬天，每石约 420 元。[①] 从这组数据可以看出抗战时期的延安物价比重庆稳定，其原因是延安时期中国共产党的金融调控和老百姓对共产党的信心。

皇南事变以后，国民党对边区实行经济封锁，从 1941 年到 1945 年，延安的物价猛涨。

物价随着边币的贬值而猛涨。[②] 延安市场的轻工制品在 1941 年以前由原来零售价 0.1 元一盒的香烟，变成 100—300 元一盒；原来零售价 0.05 元一盒的火柴，涨至 50—100 元；八路军连长的津贴，也由原来的每月 3 元，增至 300 元、500 元。[③]

文化人的稿酬标准随着物价的飞涨也在变动。延安早期油印刊物基本上没有稿酬，以奉赠当期刊物一份为酬。铅印报刊一般都支付稿酬，1941 年物价飞涨之前的稿酬标准大体上是每千字一元。[④] 许多报刊征稿启事称"薄酬"者，基本上都是这个标准。如《大众习作》第 2、3 期合刊（1940 年 11 月 15 日）《稿约》载明："寄来的稿子，凡是登载出来的，每千字送稿酬一元。"也有铅印刊物不支付稿酬的，如《文艺突击》。到 1944 年，因为严重的通货膨胀，《解放日报》支付稿酬以小米为标准。"每千字可得两升小米。"[⑤] 这里的"小米"是用作稿酬计量单位，可以凭此交换其他商品，并非

---

① 中央档案馆等编著：《陕甘宁边区抗日民主根据地》（文献卷·下），中央党史资料出版社 1990 年版，第 324 页。

② 中国人民银行金融研究所：《中国革命根据地货币》（上册），文物出版社 1982 年版，第 189 页。

③ 朱鸿召：《延安日常生活中的历史》，广西师范大学出版社 2007 年版，第 22 页。

④ 白戈：《平抑物价与平抑工资》，《解放日报》1942 年 2 月 13 日。

⑤ 赵超构：《延安一月》，上海书店 1992 年版，第 166 页。

实物。①

1941 年 7 月 2 日，中共西北中央局发布公告动员边区全体人民拥护边币平抑物价。公告中大力宣传边区的金融政策，从政策上告诉边区人民，为反对敌人的经济封锁和边区经济发展需要，以边区工农商业生产价值作为边区银行的保证基金来发行一定数量的边币，以调控金融；实行对外贸易的保护政策，禁止奢侈品入口，增加税收减少不必要的货物进口，同时争取大量运盐和土产换法币以巩固边币，达到平抑物价的目的；根据边区农产品价格高涨的情况，动员边区军民以高度的自觉性不要哄抬物价并鼓励农民将多余的农产品卖给部队。

1943 年 1 月到 12 月，延安市食物、衣着、燃料、土产、杂项等五大类物价指数，以 1 月的数据为基准指数，2 月为126，3 月为 169，4 月为 152，5 月为 191，6 月为 359，7 月为454，8 月为 627，9 月为 1053，10 月为 1385，11 月为 1522，12 月为 1950。以西华池的码子布 6 月和 7 月两个月的变化为例，6 月底每百丈布价格 21000 元，7 月 13 日涨到 80000 元。②从物价的基准利率变化看，7 月比 1 月，上涨了 454%，单月的 9 月比 8 月上涨 67.9%，12 月又比 9 月上涨 85%，12 月的物价是 1 月的 195 倍。

1943 年，通货膨胀使延安这个时候的物价一般按照实物计算。王震在 1944 年陕甘宁边区延属分区家属代表大会上讲话，鼓励家属参加生产活动，他说："关于纺纱，我看了标本，

---

① 朱鸿召：《延安日常生活中的历史》，广西师范大学出版社 2007 年版，第22—24 页。

② 闫庆生、黄正林主编：《陕甘宁边区经济史研究（1937—1945）》，甘肃人民出版社 2002 年版，第 203 页。

▲边区纺织厂使用机器纺棉花

质提高了，从每斤工资小米四升，每两纺纱一千三百尺的粗纱起，到每斤工资小米九升，每两纺纱三千尺左右的细纱为止，可以分六等，这个分法，我们要呈请建设厅，由他们决定，我们这里，为了便于检查纺纱，另外定了一个奖励的标准。特等纱按个人计划时间，每纺满十斤者，除工资外，奖小米二斗。头等纱纺满十斤者，外奖小米一斗六升。一等纱纺满十斤者，外奖小米一斗四升。二等纱纺满十斤者，外奖小米一斗二升。三等纱纺满十斤者，外奖小米一斗。四等纱纺满十斤者，外奖小米八升。"①

其实，物价指数的变化与物价涨落，对于在延安和陕甘宁边区各级政府人员的生活影响不大。当时在解放区，八路军、

① 中央档案馆等编著：《陕甘宁边区抗日民主根据地》（文献卷·下），中央党史资料出版社1990年版，第305—306页。

政府机关和学校实行供给制，除了衣食住方面满足最低限度的需要，发些烟、肥皂、毛巾、牙刷，甚至妇女特殊时期所使用的卫生纸等日用品外，还有一点津贴。政府在采取各种办法使大家在革命的圣地得到温饱和平等。

◎ 延安的出版事业

出版事业在延安抗战时期，为中国共产党抗战取得胜利立下了汗马功劳，对宣传抗战起到了非常重要的作用。

1937 年 1 月，从中央决定在延安清凉山恢复中央印刷厂起，清凉山成了中国共产党宣传的阵地，中央党报委员会、新华通讯社、解放日报社、延安新华广播电台、中央印刷厂、新华书店等众多新闻出版单位在清凉山上创造了宣传的奇迹和出版事业的奇迹。党中央十分重视和关心陕甘宁边区的出版事业。毛泽东、张闻天等不仅自己著书立说，撰写与修改社论、新闻和文章，而且亲自组织编书或译书，为书刊写序、写发刊词、题词。当时延安 24 种文艺期刊，近三分之一的刊名是毛泽东题签的，并写信、面谈、言传身教，如毛泽东的许多著作清样都由他本人校对。他仔细认真，多次往返，如 1938 年 6 月 27 日《论持久战》付印前，他亲自作了校对，并给出版科的同志写信说："都校了。第三部分请再送来看一次。第一节二部分请他们过细作最后校对，勿使有误。"这些都给出版工作者树立了榜样。毛泽东对宣传工作尤其对延安书报刊的出版工作极为重视，1938 年 10 月在《高度发扬民族自尊心和自信心》一文中，强调："动员报纸、刊物、学校、宣传团体、文化艺术团体、军队政治机关、民众团体，及其他一切可能力量，向前线官兵、后方守备部队、沦陷区人民、全国民众，作广大之宣传鼓动……用以达到全国一致继续抗战之目的。"①
毛泽东在 1944 年 3 月 22 日，在陕甘宁边区文化教育工作座谈
会上，强调"报纸是指导工作教育群众的武器"②。他两次为
新华书店题写了店名。

▲延安清凉山

各类书报刊的发行使延安成为领导全国各根据地的宣传出
版中心。1937 年 1 月，中央决定成立中央党报委员会，委员会
人员由张闻天、博古、凯丰、周恩来、王明组成，廖承志任秘
书长主持日常工作。中央党报委员会负责编辑出版中共中央的
政治理论刊物《解放》周刊，管理新华社、《新中华报》，负
责马列著作和革命理论书籍的出版发行工作、党刊新闻与出版
发行工作。1939 年 9 月，中共中央出版发行部在延安成立。③
中央出版发行部既是党的出版发行领导机关，又是党的出版发

---

① 《毛泽东新闻工作文选》，新华出版社 1983 年版，第 39—40 页。
② 《毛泽东新闻工作文选》，新华出版社 1983 年版，第 112 页。
③ 中国共产党陕甘宁边区出版史编委会编：《中国共产党陕甘宁边区出版大事记》（征求意见稿）1993 年版，第 61 页。

行工作部门。中央出版发行部领导出版了大量的刊物。

报纸

《新中华报》。1935 年 11 月 25 日复刊且一直出版的《红色中华》报,① 在 1937 年 1 月 29 日改为《新中华报》,同年 9 月,《新中华报》定为陕甘宁边区政府的机关报。1939 年 2 月 7 日,《新中华报》正式改为中共中央机关报。该报的社论称《新中华报》是中共中央的机关报之一,同时也是陕甘宁边区政府的喉舌。② 1940 年 2 月,毛泽东在纪念《新中华报》新刊一周年时,指出《新中华报》是全国报纸中最好的一个。③

《边区群众报》。1940 年 3 月 25 日,边区政府以边区基层农村干部和农民群众为主要读者对象,创建《边区群众报》。该报是在毛泽东倡议下创办,由大众读物社主办,毛泽东题写报头,4 开两版石印报,十天一期。后改为 4 开四版铅印报,每周一期。因为报纸内容通俗易懂,人们喜闻乐见,该报在仅有 150 万人口的陕甘宁边区的发行量很快达到 10000 份。④

《解放日报》。1941 年 5 月 16 日,《解放日报》创刊号出版,毛泽东为该报题写报名和发刊词。发刊词说:中国共产党的总路线"团结全国人民战胜日本帝国主义",就是本报的使命。发刊词强调了中国共产党一贯的抗日民族统一战线政策。

---

① 中国共产党陕甘宁边区出版史编委会编:《中国共产党陕甘宁边区出版大事记》,征求意见稿 1993 年版,第 1 页。

② 中国共产党陕甘宁边区出版史编委会编:《中国共产党陕甘宁边区出版大事记》,征求意见稿 1993 年版,第 45 页。

③ 《毛泽东新闻工作文选》,新华出版社 1983 年版,第 49 页。

④ 中国共产党陕甘宁边区出版史编委会编:《中国共产党陕甘宁边区出版大事记》,征求意见稿 1993 年版,第 73 页。

"团结，团结，团结，这就是我们的武器，也就是我们的口号。"① 由于纸张在 1941 年开始出现供应困难，1941 年 9 月 16 日，该报由 4 开四版改为对开四版，起初印数 7000 份，以后按毛泽东指示增加到 10000 份左右。中央出版发行部将贴报栏从 3 处增加到 40 多处，让更多的干部群众看到《解放日报》。该报纸无论在边区还是国民党统治区，对读者的影响很大，其内容和宣传甚至影响到国外。

除全边区性的大报之外，各分区甚至某些县，都有自己的铅印、石印或油印报纸，如 1938 年 3 月，中共陇东特委机关报《救亡报》创刊，四日刊，后改为《陇东报》;② 1939 年 3 月，中共关中特委机关报《关中报》在旬邑县创刊，油印五日刊；1939 年 7 月 1 日，中共绥德地委机关报《抗战报》创刊，铅印，8 开两版，五日刊。边区的部队也创办了《部队生活报》《战士导报》《先锋报》等 17 种铅印、石印或油印的报纸，如 1938 年 5 月，八路军 359 旅机关报《战声报》在绥德创刊，铅印，周报;③ 1940 年 4 月，八路军 385 旅机关报《民生报》在庆阳创刊，油印，五日刊。④ 还有许多油印、石印的报纸，如《前线书报》《今日新闻》等。

期刊

《解放》，1937 年 4 月 24 日创刊，是中共中央在政治理论

① 逢先知主编：《毛泽东年谱（1893—1949）》（中卷），人民出版社、中央文献出版社 1993 年版，第 297 页。

② 中国共产党陕甘宁边区出版史编委会编：《中国共产党陕甘宁边区出版大事记》，征求意见稿 1993 年版，第 28 页。

③ 中国共产党陕甘宁边区出版史编委会编：《中国共产党陕甘宁边区出版大事记》，征求意见稿 1993 年版，第 31 页。

④ 中国共产党陕甘宁边区出版史编委会编：《中国共产党陕甘宁边区出版大事记》，征求意见稿 1993 年版，第 74 页。

方面的机关刊物，初为周刊，后改为半月刊，16 开，铅印，终刊于 1941 年 8 月 31 日，共出刊 134 期。创刊号刊登了以解放社名义出版的《列宁丛书》的广告，包括《两个策略》《左派幼稚病》《二月革命至十月革命》《国家与革命》。广告中宣传："用马克思列宁主义的理论武装自己。"①

《团结》，中共陕甘宁边区委员会机关刊，1938 年 2 月创办，毛泽东题写刊头，铅印，32 开，先出半月刊，后改为月刊。1940 年 4 月 8 日终刊，共办 24 期。

《边区儿童》，1938 年 6 月 16 日创刊，半月刊。毛泽东题词："儿童们起来，学习做一个自由解放的中国国民，学习从日本帝国主义压迫下争取自由解放的办法，把自己变成新时代的主人翁。"②

《八路军军政杂志》，1939 年 1 月 15 日创刊。由毛泽东、王稼祥、萧劲光、郭化若、肖问荣五人组成编委会，由肖向荣同志担任主编。毛泽东为《军政杂志》撰写了《发刊词》，指出"当抗日战争向着新阶段发展的时候，八路军同仁出版这个军政杂志，其意义是明显的：为了提高八路军的抗战力量，同时也为了供给抗战友军与抗战人民关于八路军抗战经验的参考材料。"③ 该刊至 1942 年 3 月 25 日停刊。

《前线》，1938 年 1 月 28 日在西安创刊，1939 年 2 月 1 日在延安复刊。复刊后由原 32 开周刊改为 16 开半月刊。

---

① 中国共产党陕甘宁边区出版史编委会编：《中国共产党陕甘宁边区出版大事记》，征求意见稿 1993 年版，第 14 页。

② 中国共产党陕甘宁边区出版史编委会编：《中国共产党陕甘宁边区出版大事记》，征求意见稿 1993 年版，第 32 页。

③ 中国共产党陕甘宁边区出版史编委会编：《中国共产党陕甘宁边区出版大事记》，征求意见稿 1993 年版，第 43 页。

《中国青年》，1939年4月创刊，全国青年联合会延安办事处宣传部主办，月刊，铅印，32开。1940年5月第2卷第7期上刊载毛泽东题词："目前中国青年的唯一任务就是打胜日本帝国主义。"① 毛泽东的《五四运动》和《青年运动的方向》在该刊首次发表。1940年10月22日，中宣部发出《关于〈中国青年〉的通知》，说这个"党所领导的青年刊物"，是"因为党的中级干部的最大多数是青年，又因为党也没有其他更适当的中级学习刊物"，所以，"它的编辑方针改变了，主要成为青年干部在理论、策略、工作和文化生活各方面的学习刊物"，也是"党的一般中级干部的学习刊物"。② 该刊于1941年3月15日停刊。

《共产党人》，1939年10月20日创刊，是中共中央主办的党内刊物，于1941年8月停刊，共出版19期。毛泽东在《发刊词》中指出："它的任务就是：帮助建设一个全国范围的、广大群众性的、思想上政治上组织上完全巩固的布尔什维克化的中国共产党。"③ 该刊的主要内容是：传达中央有关党的建设的指示，宣传党的政策，重要经验总结，指导干部教育，提供干部教育的教材、参考材料以及各种具体经验。该刊传达了中央有关党的建设的指示，宣传了党的政策，发表过党中央《关于巩固党的决定》《关于各级党委暂行组织机构的决定》《关于各级党部工作规则与纪律的决定》《关于增强党性

---

① 中国共产党陕甘宁边区出版史编委会编：《中国共产党陕甘宁边区出版大事记》，征求意见稿1993年版，第50页。
② 雷云峰等主编：《陕甘宁边区史》（抗日战争时期·上），西安地图出版社1993年版，第220页。
③ 中国共产党陕甘宁边区出版史编委会编：《中国共产党陕甘宁边区出版大事记》，征求意见稿1993年版，第61页。

的决定》《关于调查研究的决定》《关于地方及军队中各级党部取消、改正与停止党员处分手续的决定》，以及中宣部《关于反敌伪宣传工作的指示》《关于各抗日根据地报纸杂志的指示》《关于各抗日根据地群众鼓动工作的指示》等 39 篇决议和指示。①

▲《共产党人》杂志创刊发刊词书影

《中国工人》，1940 年 2 月 7 日创刊，是中共中央职工运动委员会主办的月刊。毛泽东为创刊号写了《发刊词》，指出：

---

① 雷云峰等主编：《陕甘宁边区史》（抗日战争时期·上），西安地图出版社1993 年版，第 220 页。

"团结自己和团结人民，反对帝国主义和封建主义，为建立新民主主义的新中国而奋斗，这就是中国工人阶级的当前的任务。《中国工人》的出版，就是为了这一个任务。"① 还指出："《中国工人》应该成为教育工人、训练工人干部的学校，读《中国工人》的人就是这个学校的学生。"② 《发刊词》为办好报刊指明了方向，"一个报纸既已办起来，就要当作一件事办，一定要把它办好"，"切忌死板、老套，令人看不懂，没味道，不起劲"。③《中国工人》到 1941 年 3 月 8 日停刊，共出版 13 期。在出刊期间，发表了《马克思关于工人联合会的报告》《职工丛书》，其中包括恩格斯著，吴文焘译的《英国工人运动》。

《中国文化》，1940 年 2 月 15 日创刊，是陕甘宁边区文化协会主办的刊物。毛泽东在创刊号上发表了《新民主主义论》的初稿《新民主主义的政治与新民主主义的文化》，指出："科学的态度是'实事求是'，'自以为是'和'好为人师'那样狂妄的态度，是决不能解决问题的。……真理只有一个，而究竟谁发现了真理，不依靠主观的夸张，而依靠客观的实践。只有千百万人民的革命实践，才是检验真理的尺度。我想，这可以算作《中国文化》出版的态度。"④ 该刊至 1941 年 8 月 20 日停刊，共出刊 15 期。

---

① 逄先知主编：《毛泽东年谱（1893—1949）》（中卷），人民出版社、中央文献出版社 1993 年 12 月版，第 166 页。

② 逄先知主编：《毛泽东年谱（1893—1949）》（中卷），人民出版社、中央文献出版社 1993 年 12 月版，第 166 页。

③ 中国共产党陕甘宁边区出版史编委会编：《中国共产党陕甘宁边区出版大事记》，征求意见稿 1993 年版，第 68 页。

④ 中国共产党陕甘宁边区出版史编委会编：《中国共产党陕甘宁边区出版大事记》，征求意见稿 1993 年版，第 69 页。

此外，还有文艺刊物《文艺突击》、《大众文艺》（该刊由原《文艺突击》更名并于 1940 年 4 月 15 日出版创刊号，1940 年 12 月 15 日停刊，共出刊 9 期）、《中国文艺》（1941 年 1 月 25 日，由《大众文艺》更名并出版创刊号，毛泽东题写刊名，仅出一期）、《艺术工作》（1939 年 1 月由鲁艺创办《文学工作》《戏剧工作》《美术工作》《音乐工作》四本刊，后并入《艺术工作》）、《歌曲月刊》（1940 年 9 月创刊，后改为《歌曲旬刊》）、《文艺月报》（1941 年 1 月 1 日创刊，1942 年 8 月 31 日终刊，共出刊 17 期）、《山脉文学》（1938 年 10 月创刊，后改为《山脉诗歌》）、《文艺战线》、《中国文化》、《陕北文化》、《新文字报》（1940 年 12 月 22 日创刊，油印，周刊。1941 年 5 月 1 日改为铅印，1943 年 1 月终刊，共出版了 110 多期）、《中国工人》、《大众文库》、《大众画库》、《诗刊》、《草叶》、《谷雨》、《文摘》（1940 年 9 月 25 日创刊）、《延安世界语者》（1941 年 1 月创刊。油印，双月刊）等。妇女方面的刊物有《中国妇女》、《女大校刊》（1939 年 7 月 20 日创刊）等。对敌工作方面的刊物有《敌国汇报》《敌伪研究》等。卫生工作方面的刊物有《国防卫生》（1939 年 11 月 20 日创刊，毛泽东题写刊名，双月刊，铅印，32 开）、《卫生月刊》等。教育工作方面有《边区教育通讯》（1941 年 4 月 1 日创刊，半月刊）等刊物。在边区，一些部队、协会也办了不少刊物，这些刊物不只有边区的地方性质，而且也有报道全国的性质。如：1938 年 1 月 1 日，由陕北公学学生总会宣传部创办《前线》半月刊。1938 年 7 月，由八路军留守兵团创办的《军事月刊》创刊。1939 年 7 月 1 日，中共陕西省委机关刊物《西北》周刊在延安复刊，该刊于 1938 年 1 月 21 日在西安创刊，12 月，遭到国民党迫害停刊，复刊后出版到 1940 年 3 月 20 日停刊，共出刊48期。1939年12月9日，由陕甘宁边区学生救国联合会创办《学生通讯》，月刊，铅印。1940年1月1日，由延安通讯学校编印《通讯战士》创刊，油印。1940年3月10日，陕甘宁边区学生救国联合会编印《青年新闻》创刊，半月刊，油印。1940年8月1日创办《大众习作》。1940年8月，八路军留守兵团政治部创办《连队生活》周刊，1943年改为《部队生活》。1940年9月1日，延安《新诗歌》创刊，四开单面油印，于1941年5月21日终刊，共出刊6期。凡此等等，共100多种刊物。

书籍出版

系列丛书方面，解放社主要出版"两大丛书"（《马恩丛书》和《抗日战争丛书》）、"两大选集"（《列宁选集》和《斯大林选集》）。1937年，由解放周刊社出版《列宁丛书》，其中列宁著的《两个策略》《左派幼稚病》《从二月革命到十月革命》《国家与革命》，并在《解放》周刊创刊号以延安新华书局的名义刊出广告："请读解放周刊社出版《列宁丛书》。"并出版了斯大林著的《论反对派》《列宁主义概论》《列宁主义问题》，还有《共产国际纲领》等。1937年8月5日，延安青年出版社出版了1920年翻译的《马克思与恩格斯之宣言》，即《共产党宣言》，该书在1938年8月再由解放社出版不同译本的《共产党宣言》，并作为《马克思恩格斯丛书》的一种。① 有作为《革命历史丛书》的《中国问题指南》，汇编了斯大林和共产国际历史上有关中国问题的文章和决议。其他的书籍，有《东北抗日联军的经验》；中共中央"八一宣

---

① 中国共产党陕甘宁边区出版史编委会编：《中国共产党陕甘宁边区出版大事记》，征求意见稿1993年版，第19页。

言"以来的文件集《抗日民族统一战线指南》《解放文选》和刘少奇著的《抗日游击战争中各种基本政策问题》等。从1938年起，解放周刊社正式用"解放社"的名义出刊物和书籍。中共中央于同年 2 月 4 日公开刊登启事：凡本党文件、领导人言论、本党历史等，均委托中国出版社及延安解放社印行。八路军总部也同时发表了内容相似的启事。中国出版社与延安解放社是南北呼应的中共的两家出版社。当时在武汉新知书店工作的地下党员徐雪寒接受党的指示，以中国出版社作为副牌，出版革命书籍。延安解放社的书由他们翻印后在国民党统治区发行，他们出版的一些书也由解放社翻印在边区发行。①

除了两大丛书和两大选集外，中共中央西北工作委员会编的《西北丛书》（包括《抗战中的陕西》《抗战中的甘宁青》《抗战中的绥远》等），民族问题研究会编的《回回民族问题》（李维汉、刘春等编），历史研究会编的《中国通史简编》（1—8 册）等系列丛书陆续出版。

抗战期间还出版了毛泽东的著作《论新阶段》《中国革命战争的战略问题》，吴黎平编著的《论民族民主革命》《唯物史观》，陈昌浩著的《近代世界革命史》（卷一、二），聂荣臻著《抗日模范根据地晋察冀边区》，齐礼总编，李六如、和培元等编的《陕甘宁边区实录》等。毛泽东的《论持久战》《抗日游击战争的战略问题》收入"抗日战争丛书"出版。延安的许多研究会也编著了不少书，如社会科学研究会集体编著的《社会科学概论》（何干之等著），中国现代史研究会编著的

---

① 雷云峰等主编：《陕甘宁边区史》（抗日战争时期·上），西安地图出版社1993 年版，第 223 页。

《中国现代革命运动史》（张闻天著），时事问题研究会编的《时事问题丛编》（包括《战争中的日本帝国主义》《日本帝国主义在中国沦陷区》等），《抗战中的中国》（包括《九一八以来国内政治形势的演变》《抗战中的中国经济》《抗战中的中国政治》《抗战中的中国军事》《抗战中的中国文化教育》），"抗战中的世界丛书"等 10 种。①

中央重视对各种中级、初级的通俗读物的编辑与出版，陆续出版了一套"文化教育丛书"及中小学课本。文艺书籍出版方面，解放社还编辑出版过《鲁迅论文选集》、《鲁迅小说选集》和车尔尼雪夫斯基的《美学与生活》等文艺书籍。

1937 年 1 月初，中央财政部印刷所（亦即直属国家银行西北分行的印刷所）迁入延安。由于统一战线的建立，停止了苏维埃货币的印刷。同年 9 月，中央财政部印刷所并入中央印刷厂石印部，负责各种有价证券的印刷。1938 年 6 月，边区政府根据时局发展和市场货币流通的需要，由中央印刷厂石印部负责印制"光华商场代价券"。1940 年 10 月，由于国共关系日趋恶化，国民党政府对陕甘宁边区的经济贸易封锁日益严重，边区财政经济逐渐困难，光华代价券发行量不断增大并准备发行边币。边区政府决定在中央印刷厂石印部基础上成立光华印刷厂并负责印制光华券和边币。② 在延安，货币的印制和书报刊的印刷主要由中央印刷厂和八路军印刷厂承担。抗战时期的印刷厂除了印制货币及各种有价证券以外，主要承印大量

① 雷云峰等主编：《陕甘宁边区史》（抗日战争时期·上），西安地图出版社 1993 年版，第 225 页。

② 陕甘宁边区金融史编辑委员会编：《陕甘宁边区金融史》，中国金融出版社 1992 年版，第 94 页。

的书报刊。战时，印刷厂不仅要面对敌人的扫荡，还面临物资短缺等问题。刚开始印刷报纸采用石印机，后来为了提高效率，改为铅印，用八页机、十二页机、六页机印刷出报。后来，在敌人不断的"扫荡"中，恶劣的战争环境要求工厂军事化、轻装化。印刷工作经常受到环境影响并辗转印刷地点，陕甘宁边区和一些敌后根据地创造出轻便的印刷机——"马背上的印刷机"。印刷厂工人背起枪可与敌人战斗，放下枪便可整理铅字安装机器出版报纸，长年与敌人周旋。由于常用的八页机重约一吨，很不方便，为了适应新的战争环境，从1941年正式开始由印刷厂的牛步峰同志负责改制轻便印刷机。他最先将石印机改造成了轻便的铅印机，重约500斤，另外加上必需物资，共需要八匹骡子驮才能游击办报。由于过于笨重、转移不便和目标过大等原因，后来又创造出只用木头部件代替并使机器更加轻便的办法。那是在只有几件简单工具如锉刀、锯条、手摇钻的条件下，根据铅印机的原理，自造木头零件。经过了三次改造，至1943年夏，用枣木制成了木质轻便机（转轴利用石印机轴），只有手提箱那么大，重量才三十多公斤，一头骡便可以驮走，拆卸开可以人背、肩扛。拆装十分方便，一部印刷机器可以拆为七个大部件，最大的也不过五公斤。一旦敌情紧张，每人背上一件就可爬山越岭，每转移到一个地方，借用老乡的一个饭桌，几分钟时间内即可开印。①

边区的出版工作在1939年之前所面临的最大困难是纸张供应不足，到1939年4月，在边区政府主导下，创办了边区造纸厂，用野生的马兰草打浆造纸解决印刷用纸来源，到9月

---

① 根据中国印刷博物馆魏志刚、罗树宝、李英等同志提供的资料整理。

▲光华印刷厂

底，月产马兰纸达到 10 万张。12 月 30 日《新中华报》报道："振华造纸工业合作社，日出马兰纸一万张。"① 边区的经济条件决定了在印刷品的印刷数量上要严格限制。边区的两个印刷厂，每月排印的字数分别在 60 万和 80 万以上，每月出版字数达 140 万以上。同一时期，国民党统治区一个最大书店，每月所能出版的字数最多也不能超过 60 万。边区每种出版物一般的印刷份数是 2000 份，多的一般为 12000 份。中国共产党的书报刊通过"秘密交通"将样书或清样发到重庆、桂林、曲江、香港、上海等国民党统治区和敌占区翻印出版并使陕甘宁边区的出版物传播至全国。② 延安时期的出版事业，适应了战争和人民的需要，积累了经验，培养了人才，并经常影响着中

---

① 中国共产党陕甘宁边区出版史编委会编：《中国共产党陕甘宁边区出版大事记》，征求意见稿 1993 年版，第 50 页。

② 雷云峰等主编：《陕甘宁边区史》（抗日战争时期·上），西安地图出版社 1993 年版，第 222 页。

国时局的演变，影响着世界舆论的动向，为中国抗战的胜利作出了不可磨灭的贡献。

◎ 国际友人在延安

一批批国际友人冲破国民党的重重封锁，不远万里，来到延安，以自己的实际行动援助中国人民的抗日战争。先后有100 多位来自美、英、苏、德、加、波、印、朝等十多个国家的国际友人到延安或访问或工作，他们中有军事顾问李德，共产国际联络员弗拉基米洛夫，加拿大医生白求恩，美联社、美国《基督教科学箴言报》、英国《曼彻斯特卫报》记者斯坦因，美国《时代》杂志、《纽约时报》记者爱泼斯坦，合众社、伦敦《泰晤士报》记者福尔曼，路透社记者武道，苏联塔斯社记者普罗岑科及印度援华医疗队、美军军事观察组等。他们在延安时期虽然时间短暂，但是都为抗日作出了巨大的贡献。

埃德加·斯诺，美国著名记者。1928 年来中国时用名施乐，胡愈之先生等人在翻译《西行漫记》一书时不知道他原有的中文名字，而译作"斯诺"二字，因《西行漫记》一书的广泛流行和强大的影响力，所以"斯诺"的名字在中国就一直沿用下来了。

斯诺是一个正直的美国人，爱好和平，主持正义，十分关注中国的命运。他曾先后担任《密勒氏评论报》、《芝加哥论坛报》、英国《每日先驱报》、美国《星期六晚邮报》等欧美的报社驻华记者、通讯员。1933 年 4 月到 1935 年 6 月，斯诺同时兼任燕京大学新闻系讲师。

1936 年 6 月，斯诺在宋庆龄引荐下，访问陕北红军，写了大量通讯报道，成为第一个采访陕甘宁边区的西方记者。中央对他的到访非常重视，专门召开会议讨论并布置有关接待事宜，毛泽东用了几个晚上的时间给斯诺介绍了红军和中共中央的政策。1936 年 10 月底，斯诺回到北平之后发表了大量的通讯报道，还热情向北大、清华、燕大的青年学生介绍了在陕北的见闻。1937 年 1 月、2 月间，上海的英文报纸《大美晚报》、北京的英文刊物《民主》以及英美的一些报纸也相继发表了斯诺的陕北报道。其中美国的《生活》杂志发表了他在陕北苏区拍摄的 70 余幅照片，美国的《亚洲》杂志发表了他采写的《来自红色中国的报告》等。1937 年 3 月 5 日和 22 日借燕大新闻学会、历史学会开会之机，他在临湖轩放映反映苏区生活的影片、幻灯片，展示照片，让国统区青年看到了毛泽东、周恩来、彭德怀等红军领袖的形象，看到了"红旗下的中国"。1937 年 7 月，斯诺完成了 30 万字《红星照耀中国》的写作。10 月《红星照耀中国》在英国伦敦由戈兰茨公司公开出版，两个月内再版四次，发行十几万册。1938 年 1 月美国兰登书屋在美国出版该书。同年 2 月，上海地下党翻译出版了该书，为了便于在国统区和沦陷区发行，内容做了部分修改，书名改为《西行漫记》。《西行漫记》让全世界真正看到了中国共产党和红军的真正形象，在中外进步读者中引起极大轰动，成为畅销一时的进步书籍。

1939 年，斯诺再次赴延安拜访毛泽东。他在 1941 年出版的《为亚洲而战》一书中，用一个新闻记者敏锐的洞察力称赞共产党领导下的新四军和八路军并预言必将取得最后胜利。1941 年 2 月，因报道皖南事变而被国民党当局取缔记者特权，被迫离开中国。

白求恩，全名：亨利·诺尔曼·白求恩，生于 1890 年，

▲左：1936 年夏埃德加·斯诺在陕北采访红军；右：斯诺与毛泽东在延安。

加拿大共产党党员，著名的胸外科医生，同时也是一位伟大的国际主义战士，曾参加过西班牙反法西斯的民族解放战争。

　　中国人民抗日战争全面开始后，白求恩受加拿大共产党和美国共产党的派遣，率领一支医疗队于 1938 年初春来到中国支援中国人民的抗日战争。在周恩来的帮助下，白求恩冲破国民党当局的重重阻拦，在 3 月底来到延安，到达延安的第二天，就见到了毛泽东。由于白求恩坚决要求到抗日前线去，1938 年 6 月 17 日，白求恩离开延安，东渡黄河，来到了晋察冀抗日前线，受到了军区司令员聂荣臻的热烈欢迎。从此一个以外国人为首的八路军战地医疗队工作在晋察冀敌后战场上，受到了多方面的关注。在白求恩离开延安后，毛泽东一直关心着这位国际友人，他专门发电报给聂荣臻，请予照顾白求恩同志的生活并同意任命白求恩同志为军区卫生顾问。在晋察冀的 510 个日日夜夜中，白求恩把对法西斯的仇恨，对抗日将士的热爱，对共产主义理想的追求都凝结在手术刀上。他穿梭在战斗第一线，以满腔的热忱不知疲倦地抢救伤病员，哪里有伤员，他就出现在哪里，处处以解救伤员、解救他人为行动准则。到达晋察冀的第一个星期，他就检查医治了520名伤员，第一个月就做了147例手术。白求恩对医术的精益求精，就是对工作的极端负责。在晋西，为了最大限度地减少伤员的痛苦，及早医治伤病员，他组织医疗队奔走在崇山峻岭之间，出没于枪林弹雨之中。1938年11月，在山西雁北广灵战役中，白求恩把医疗队开到离火线仅6公里的前线，连续工作两昼夜，做手术71例，75%的人没有感染，开创了战地医疗史的新纪录。在冀中，他组织了一个东征医疗队，冒着生命危险，穿过平汉铁路敌人封锁线，逐个检查医治躲藏在老百姓家中的伤员，几次遭遇危险。同志们劝他离开，他坚持把所有的伤员医治完，并安全转移后才离开。领导和同志们都十分为他担忧。他却说："做军医的就是要和战士们在一起，牺牲了也是光荣的。"1939年春，他听说曲回寺正在激战，立即带领医疗队赶往前线，连续做了115例手术，大大降低了死亡和伤残率。许多伤员因治疗及时，做短期休养后，就重返抗日前线。他经常在战斗打响的第一时间就赶到最前线，在炮火中抢救伤员，在密集的子弹声中完成治疗手术。他说："八路军战士不能因为有炮火而停止战斗，医生就不能因为有危险而停止手术。生命是可贵的，只为保全生命而活着，比死了还难受。只有为共产主义奋斗而活着，才是最有生命意义的。"[1]

---

[1] 董越千：《我所知道的白求恩》，载《纪念白求恩》，人民出版社1979年版，第215页。

▲白求恩在晋察冀边区涞源县临时手术室里为伤员做手术

　　1939 年 10 月，日军突然发动了大规模的冬季大"扫荡"。在一次为伤员实施急救手术时，他的手指不幸被划破受到感染，医疗队的大夫们采取了各种治疗方法救治，但病情未见好转。11 月 12 日 5 时 20 分，白求恩牺牲在河北省唐县的敌后抗日战场上。当白求恩牺牲的消息传到延安后，毛泽东万分悲痛。11 月 17 日，晋察冀边区党政军机关和群众为白求恩举行了隆重的葬礼。12 月 1 日，延安各界举行追悼白求恩大会。毛泽东送了花圈，并题写了挽词："学习白求恩同志的国际精神，学习他的牺牲精神、责任心与工作热忱。"12 月 9 日，中央在印度援华医疗队队员柯棣华医生的追悼会上通过了在医科大学礼堂内勒石铭刻白求恩、柯棣华二位大夫之生平事迹的申请，以资纪念。①

---

　　①　中国延安干部学院编：《延安时期大事记述》，中央文献出版社 2010 年版，第 165 页。

12月21日，毛泽东撰写了《纪念白求恩》一文，号召共产党员向白求恩同志学习。白求恩同志毫不利己，专门利人的一生，是为共产主义事业奋斗的一生。正是他这种精神使他成为中国革命史上知名度最高的国际友人。

陈嘉庚，新加坡著名的爱国华侨领袖，曾任南洋华侨筹赈祖国难民总会主席、国民参政员，毛泽东曾称赞他是"华侨旗帜，民族光辉！"

1940年3月，67岁的陈嘉庚率领"南洋华侨回国慰问考察团"一行50人，回祖国慰问抗日将士，了解抗战情况。慰问考察团一行首先抵达昆明，受到云南省政府主席龙云的欢迎。使考察团感到吃惊的是，各机关、各团体轮番宴请，有时甚至一天欢宴两三次，山珍海味，各国名酒，无所不有。考察团的团员对抗战的后方不禁感到疑惑，考察团被方方面面安排的宴会和游览纠缠了七八天，最后才离开昆明，经贵阳到了重庆。为了不再出现"前方吃紧，后方紧吃"的局面，陈嘉庚到达重庆后马上登报声明，谢绝各种应酬。但是，依然不可推辞地先后参加了蒋介石、林森、国民党监察院院长于右任等举行的欢迎宴会。在重庆，陈嘉庚一行进行了一番考察，所到之处，看到的都是国民党官员腐化堕落、挥金如土的现象，备感失望。使他感到欣慰的是，当时在重庆的中共领导人董必武、林伯渠、叶剑英经常去看望他，向他介绍共产党在敌后抗战的情况，共商团结御侮大计，这是陈嘉庚所感兴趣的，常常一谈数小时。一次谈话后临别时，叶剑英赠送给陈嘉庚三件陕北羊皮衣作纪念，并约他前往参加八路军办事处茶话会。陈嘉庚应邀参加了八路军驻重庆办事处举办的茶话会，林伯渠、叶剑英、博古、邓颖超等百余人参加。在茶话会上，叶剑英高度评价了陈嘉庚及南洋华侨对抗战的贡献。茶话会后，陈嘉庚向叶剑英提出想到延安考察的想法。没几日，毛泽东从延安发来电报，正式邀请陈嘉庚一行访问延安。陈嘉庚一行准备前往延安，遭到了国民党方面的百般阻挠，几经交涉，最终允许陈嘉庚等三人进入陕甘宁边区。

5月31日，陈嘉庚一行费尽周折来到了延安。6月1日下午，毛泽东在杨家岭接见了陈嘉庚。毛泽东与陈嘉庚一见如故，亲热交谈，在他们交谈时，还有两名南洋青年学生应邀前来参加。陈嘉庚看到南洋学生可以随意进入毛泽东的办公室，也不敬礼，自己找地方随便坐下，无拘无束地和毛泽东交谈。陈嘉庚看到共产党没有官僚习气，没有虚伪礼节，人人平等。这次交谈一直到天黑。毛泽东在窑洞前的院子里设"家宴"招待陈嘉庚，所谓的"家宴"都是最普通的陕北农家饭，一只鸡还是邻居老大娘听说毛泽东来了重要客人而送来的。晚饭后，毛泽东、朱德陪同陈嘉庚到中央党校内的大礼堂参加"延安各界欢迎陈嘉庚先生晚会"。在极其简陋的礼堂里，陈嘉庚感受着边区军民的热情与朴实。陈嘉庚在延安期间，参观了延安的工厂、医院、学校等单位并与各方面人士进行了座谈，延安之行给他留下了深刻的印象。

陈嘉庚在离开延安后，对考察团成员们发出这样的感慨："我未往延安时，对中国的前途甚为悲观，以为中国的救星尚未出世，或还在学校读书。其实此人已经四五十岁了，而且做了很多大事了，此人现在延安，他就是毛主席。"[①] 在返回重庆后的记者会上，陈嘉庚说道："现为祖国抗日救亡的危机时期，希望全国各民族、各党派加强团结，一致对外。切勿多生事端，制造摩擦，致影响抗战大局，则国家民族幸甚！"陈嘉庚返回南

① 王绍军、张福兴：《延安统帅部》，解放军出版社2005年版，第231页。

▲陈嘉庚（前中）、李铁民（前左一）、侯西反（前右一）等抵达延安时留影

洋后，向广大华侨介绍自己在延安的见闻。他在一篇文章中这样写道："本人往延安前多年，屡见报载中国共产党凶恶残忍，甚于盗贼猛兽，及至重庆，所闻更觉厉害，谓中共无恶不作，横行剥削，无人道无纪律，男女混杂，同于禽兽，且有人劝我勿往，以免危险。及到延安，所见所闻，则完全与所传相反，由是多留数天，多历陕北城市农村，多与社会领袖及公务员接触，凡所见闻，与延安无殊，即民生安定，工作勤奋，风化诚朴，教育振兴，男女有序，无苛捐杂税，无失业乞丐，其他兴利除弊，难于尽述，实为别有天地，大出我意料之外。"[①] 抗日

---

① 王绍军、张福兴：《延安统帅部》，解放军出版社 2005 年版，第 231 页。

战争爆发后，在陈嘉庚的宣传和带动下，南洋华侨的爱国运动蓬勃发展，以各种方式支援祖国人民抗战。他发起成立了"南侨总会"，担任主席，动员和组织南洋华侨捐款捐物，并选派华侨司机、机工 3000 多人到滇缅公路帮助运输抗战物资，为抗日战争作出了重大贡献。1949 年新中国成立前夕，陈嘉庚应毛泽东的邀请，毅然回到了祖国，参加新中国的筹备工作。

冈野进，日本山口县荻市人，1892 年 3 月 30 日生。曾用名野坂参三、野坂铁、林哲。出身小商人家庭。先后在神户商业学校、东京庆应义塾理财科学习。

1913 年，冈野进加入刚成立不久的"友爱会"（后改称"日本劳动总同盟"）。1916 年，冈野进首次阅读马克思、恩格斯的《共产党宣言》，开始接受共产主义。1917 年 3 月，他从学校毕业后担任日本"友爱会"常任书记，编辑《劳动及产业》和从事教育工作。1919 年 9 月以"友爱会"特派员身份去英国，研究英国工人运动和共产主义运动。1920 年 7 月英国共产党成立，8 月参加英国共产党，作为伦敦支部的代表，出席了英共第一届代表大会。后在英共各种集会上演说，被英警方限三天离开英国。1921 年年底应红色工会国际秘书长罗索夫斯基的邀请抵达莫斯科。1922 年 3 月绕道欧洲回日本，在劳动总同盟做机关报《劳动》的工作。7 月加入日本共产党，任日本劳动运动总同盟顾问。1923 年起，冈野进专做党的工作，后遭被捕，出狱后创办《产业劳动时报》和《国际》两种杂志，长期同日本当局进行政治斗争。在 1928 年的大检举中再次被捕，直到 1930 年 3 月获释。1931 年 1 月，他当选为日共中央委员，3 月到莫斯科共产国际工作。1932 年参与制定《关于日本形势与日本共产党的任务的纲领》。1935 年 8 月出席共产国际第七次代表大会，当选为共产国际执行委员会主席团委员。①

1940 年 4 月，冈野进和在莫斯科治病的周恩来等同行，从莫斯科经新疆到延安，对日本军队进行反战宣传。他被聘为第十八集团军总政治部敌军工作部顾问，主持成立由日本士兵组成的"反战同盟"，10 月创办日本工农学校并任校长，主讲日本国内问题及时事、联共（布）党史等。1942 年 6 月成立在华日本共产主义者同盟。1943 年 5 月在延安《解放日报》发表关于结成日本人民战线的号召。1944 年 2 月组织成立"日本人民解放联盟创立准备委员会"，并参与发表《告侨居各地日本人民书》。冈野进在延安向中共七大秘书长任弼时提出希望能够旁听中共七大的想法，经过中央研究和批准，冈野进和"日本人反战同盟"队员、时任八路军野战医院副院长山田一郎（1939 年 5 月入伍，1939 年 8 月被俘，1943 年加入中国共产党，1944 年到延安，1946 年 1 月离开中国）等国际友人的要求得到满足。在旁听中国共产党第七次全国代表大会的外国共产主义者和华侨党员中，有苏联 1 人，日本 4 人，朝鲜 2 人，越南 1 人，泰国 1 人，印度尼西亚 2 人，菲律宾、印尼 1 人，还有少数民族代表和从事华侨工作的共产党员以及台湾地区代表 1 人，共 15 人。在中共七大开幕典礼上，冈野进作为日本共产党的代表，发表了《建设民主的日本》讲话。中国抗战胜利后，他于 1946 年 1 月回到日本，后当选为日本共产党中央委员、政治局委员和书记处书记，日本众议院议员、日本共产党国会议员团团长等职。②

中外记者西北参观团。1944 年 6 月 9 日，延安迎来了一批

---

① 李蓉：《中共七大轶事》，人民出版社 2009 年版，第 119 页。

② 李蓉：《中共七大轶事》，人民出版社 2009 年版，第 120 页。

特殊的客人——中外记者西北参观团。

从红军长征到达陕北后，国民党政府对陕甘宁边区一直采取严密封锁的政策，特别是禁止中外记者前往参观采访。这次中外记者西北参观团延安之行，是国民党当局第一次允许中外记者前往延安采访。参观采访团一行共 21 人，其中包括斯坦因、爱泼斯坦、福尔曼、武道、美国《天主教信号杂志》《中国通讯》的夏南汉神父、普罗岑科，以及国统区各大报社记者。[①] 毛泽东十分重视参观采访团的到来，他认为中外记者的到来打破了多年来国民党的新闻封锁，他要求负责接待的延安交际处尽快安排时间让自己同中外记者会面。在延安交际处的安排下，6 月 12 日，毛泽东会见了中外记者参观团。

延安对于参观团的成员来说，完全是一个陌生的世界。他们当中的大多数人是第一次来延安，对这里的一切都感到十分新鲜，向毛泽东提了很多关于时局的问题，毛泽东坦诚作了回答。美联社记者斯坦因向毛泽东提问："你以什么权力在这里指导政府和军队？"毛泽东说："靠人民的信任，靠当前在我们新民主主义的各政府之下的八千六百万人民的信任！"[②] 鉴于当时国共开始重启谈判，毛泽东对这个记者十分关注的问题，提出希望国民政府、国民党及一切党派实行民主，强调只有民主，抗战才能胜利，才能打倒法西斯，才能建设新中国与新世界。

在中外记者的眼里，毛泽东是充满传奇色彩的中共最高领导人，延安之行能受到毛泽东的接见，并且耐心地回答他们的

---

① 任文：《国际友人在延安》，陕西师范大学出版总社有限公司 2014 年版，第 220 页。

② 任文：《国际友人在延安》，陕西师范大学出版总社有限公司 2014 年版，第 216 页。

问题，这是中外记者都想不到的。毛泽东、朱德、叶剑英等领导同志在延安期间分别或单独会见了采访团的中外记者，向他们详细介绍了敌后抗日根据地的真实情况，特别是共产党领导的八路军、新四军在抗战中的重要作用。叶剑英还向中外记者团发表了《中共抗战一般情况的介绍》的讲演，通过记者的报道，在大后方和许多友好国家引起强烈的反响。

▲1944年6月，毛泽东等在延安接见中外记者西北参观团时合影

斯坦因在延安采访到朱德，后来写道："八路军总司令朱德将军，兵士们敬爱那个60岁的老农民，像父亲一样。他宽阔的面孔焕发着一种不可抗拒的热烈和乐观，他有力的握手唤起人们的信心。"爱泼斯坦则谈朱德："从他的外表一点都看不出他是一个勇猛善战的指挥员和身经百战的战略家。相反，他看上去像一位普通的父亲，在干完一天艰苦而又令人满意的

工作之后，回到家中，解开纽扣斜靠在椅子上休息，谈起话来面带安详的微笑，充满成熟而又淳朴的智慧。"爱泼斯坦在笔记中记录了他对毛泽东的印象："在延安，毛是可以接近的，并且是很简朴的。他会在遍地黄土的大街上散步，跟老百姓交谈，他不带警卫。当和包括我们在内的一群人拍照时，他不站在中间，也没有人引他站在中间，他站在任何地方，有时在边上，有时站在别人身后。""毛在延安给我们留下的另一深刻印象是他的从容不迫和安然自得。他领导的中国共产党正面临十多个抗日根据地频繁的战事和多方面的大量行政组织工作。在和国民党多方面的关系中，他是主要决策人，他既要躲开对手的攻击以避免发生内战，又要推动对手更有力地去打击日军。……他极擅长于委任他人负责某件事，以便他有充分的时间去考虑、分析一个更大的远景；他也擅长于树立榜样，总结经验。"① 爱泼斯坦在 1945 年 9 月出于对毛泽东的敬仰，在纽约《下午报》发表文章说："毛泽东是我们这世界的伟大人物之一。"②

为了让记者全面了解边区，延安交际处还组织中外记者参观了边区的机关、学校、工厂和乡村。在这里，记者们看到了一个和重庆完全不同的世界，留下了深刻的印象，对共产党及其领导的解放区有了一个全新的认识。记者代表团在延安期间，普罗岑科在共产国际联络员弗拉基米洛夫的"帮助下"单独见了毛泽东。③ 7 月 12 日，代表团中的中国记者和夏南汉

① 王绍军、张福兴：《延安统帅部》，解放军出版社 2005 年版，第 234 页。
② 任文：《国际友人在延安》，陕西师范大学出版总社有限公司 2014 年版，第 225 页。
③ 任文：《国际友人在延安》，陕西师范大学出版总社有限公司 2014 年版，第 51 页。

神父先离开延安，其余的外国记者在毛泽东"多走走多看看"的建议下，留在延安。斯坦因、武道、福尔曼在代表团的中国记者离开延安后，不顾参观团要"统一行动"的纪律，都先后单独见了毛泽东并进行长时间的交流。① 随后又先后前往绥德等地及晋西北根据地访问，斯坦因、普罗岑科继续留在了延安，多住了五个月。②

　　参观采访团根据自己在延安的所见所闻写了许多书籍、文章和报道，向世界各国介绍了共产党抗日根据地的真实情况。如福尔曼的《来自红色中国的报告》（1945 年在美国出版）、斯坦因的《红色中国的挑战》（1946 年在美国出版）等，都曾引起强烈的反响。③《纽约时报》根据记者发回的报道，发表评论说："无疑地，五年以来，对于外界大部分人是神秘的共产党领导下的军队，在对日战争中，是我们有价值的盟友。正当地利用他们，一定会加速胜利。"④

---

① 任文：《国际友人在延安》，陕西师范大学出版总社有限公司 2014 年版，第 220—223 页。

② 任文：《国际友人在延安》，陕西师范大学出版总社有限公司 2014 年版，第 51 页。

③ 任文：《国际友人在延安》，陕西师范大学出版总社有限公司 2014 年版，第 225 页。

④ 王绍军、张福兴：《延安统帅部》，解放军出版社 2005 年版，第 234 页。

召开中共七大　迎接抗战胜利

◎ 中国共产党第七次全国代表大会

筹备七大

从中共六大到中共七大召开，时间相距达 17 年。召开七大的动议很早，准备工作也进行过几次。

1928 年，中共六大在莫斯科召开，六大通过的党章规定党的代表大会每年召开一次，1929 年 7 月，中共中央鉴于国内形势发展需要，写信给中共驻共产国际代表团，指定在莫斯科的同志负责起草党纲，准备 1930 年召开七大。

1931 年 1 月，党的六届四中全会就提出要召开七大，把总结苏维埃运动经验，通过党纲等作为主要任务。但是，国民党对中央苏区进行"围剿"，中共中央在上海处境艰难，转移到了中央苏区；1934 年 10 月第五次反"围剿"失败，中共中央和红军被迫长征，七大召开无从谈起，到莫斯科开七大的计划也没有实现。

1937 年，国共实现了第二次合作，国内形势发生了变化。于是 12 月的中共中央政治局会议决定，在最近时期召开"七大"，并初步规定了七大的主要议事日程，成立了一个由 25 人组成的准备委员会，主席是毛泽东，书记是王明。但是由于严酷的抗战压力和条件不具备，这个委员会一直未能进行预期的工作。

1938年1月20日，中共七大准备委员会秘书处发出关于地方党组织筹备七大工作的第一号通知。3月，中共中央政治局会议再次讨论了召开七大的问题。这次会议提出，中央应"立刻进行具体准备"，包括为召集七大起草告全党同志书和全国同胞书，给地方党部发出关于七大准备工作的指示，提出大会各主要议程的报告提纲。[①] 4月14日，任弼时给共产国际写信表示希望派人指导即将召开的中共七大。

1938年9到11月召开的中共六届六中全会作出了《关于召集第七次全国代表大会的决议》，决定加紧完成准备工作，在较短时间内召开七大，代表名额定为350人。1939年6月14日、7月21日，中央书记处先后向各地党组织发出两个关于如何选举七大代表的通知，并要求9月1日前选出代表待命。但很快，国民党相继发动了两次反共高潮，随后日军又加紧对解放区的扫荡，形势的骤然变化，迫使计划召开的中共七大再度延期。

1941年3月12日，政治局会议又一次讨论召开七大，这一次准备比较充分，确定了大会秘书处等会议机构，宣布任弼时为大会秘书长，王若飞、李富春为副秘书长。部分代表到延安等候了半年，但不久又决定延期召开。曾准备在1942年召开党的七大，由于当时敌后斗争极为紧张残酷，前方领导干部不便离开工作岗位，同时又开始了全党整风学习，所以又未开成。

1943年2月17日的书记处会议上，书记处会议向政治局

---

① 李蓉：《中共七大轶事》，人民出版社2009年版，第8页。

提议在八至九个月内召开七大，并指定各主要抗日根据地的一些负责人来延安参加大会。同年 8 月，中共中央政治局发出《关于七大代表赴延安出席大会的通知》，提出七大准备在年底召开，并决定在一些敌后根据地再增加代表 120 人，这样，代表的人数达到 729 人。但是由于当年国民党又发动了第三次反共高潮，同时党内又进行审查干部的工作以及党的高级干部深入学习党的历史和党的路线问题，因此大会又未能如期召开。

1944 年 5 月 10 日的书记处会议决定，立即着手各方面的准备，在 8 月内召开大会；会议还确定了大会各报告的准备委员会，决定在七大前召开六届七中全会，并于 5 月 20 日左右召开首次会议。这样召开七大就实实在在地提上了日程。

1944 年 5 月 21 日至 1945 年 4 月 20 日，中共中央在延安举行扩大的六届七中全会。毛泽东提出七中全会的任务，第一是准备七大，第二是在全会期间处理中央的日常工作。

1944 年 9 月初，六届七中全会主席团会议讨论了关于提议召开党派会议成立联合政府问题。六届七中全会最重要的内容和成果是在 1945 年 4 月 20 日原则上通过了《关于若干历史问题的决议》。这个决议以毛泽东 1941 年写的《历史问题草案》为蓝本，在毛泽东的领导下，从 1944 年 5 月开始起草。起草工作由任弼时主持，成立了有刘少奇、康生、周恩来、张闻天、彭真、高岗、博古参加的党的历史问题决议准备委员会。起草工作历时一年，数易其稿，后来由毛泽东多次亲笔修改或主持修改，许多高级干部也参加了修改和讨论，还提交出席七大的各代表团讨论。历史决议总结建党以来，特别是六届四中全会至遵义会议这一段党的历史及其基本经验教训，高度评价了毛泽东运用马克思列宁主义基本原理解决中国革命问题的杰出贡献，充分肯定了确立毛泽东思想在全党指导地位的重大意义。同时，全面详尽地阐述了历次左倾错误在政治、军事、组织、思想方面的表现和造成的严重危害，着重分析了产生错误的社会根源和思想根源。党的六届七中全会的召开和《关于若干历史问题的决议》的通过，增强了全党在毛泽东思想基础上的团结，为七大的胜利召开创造了充分的思想条件。

召开七大

1945 年 4 月 23 日，中国共产党第七次全国代表大会在杨家岭中央大礼堂隆重开幕。

大会主席台的正中悬挂着毛泽东和朱德的巨幅画像，两边则是马、恩、列、斯的画像。主席台的上方是大幅会标："中国共产党第七次全国代表大会。"再上面，则是半圆形的红色横幅："在毛泽东的旗帜下胜利前进"。这十二个醒目的大字，同会场后面的题词"同心同德"，烘托出大会的主题。七大会期从 4 月 23 日至 6 月 11 日，开了 50 天。4 月 21 日，毛泽东主持召开七大预备会议并作《七大工作方针》的报告，阐明了七大的工作方针"团结一致，争取胜利"。[①] 任弼时报告了七大筹备的经过。预备会议确定七大的四项议程：政治报告、军事报告、修改党章报告和选举中央委员会。

4 月 23 日，毛泽东在七大开幕式上致《两个中国之命运》的开幕词。

议程一、政治报告。 4 月 24 日，毛泽东向大会所作的《论联合政府》的书面政治报告，发给每一位代表。这个书面

---

① 逄先知主编：《毛泽东年谱（1893—1949）》（中卷），人民出版社、中央文献出版社 1993 年版，第 591 页。

▲七大会场

报告，分析了国际国内形势，总结了抗日战争的历史及经验，阐述了中国共产党的一般纲领和具体纲领，并指出为了最广大人民的根本利益，中国人民应当争取打败侵略者、建立一个新民主主义中国的前途。毛泽东在大会上就书面报告中的一些问题及其他问题作了口头报告，主要讲了三个问题。

第一，关于路线问题。毛泽东说，七大的路线是，放手动员群众，壮大人民力量，在中国共产党领导下打倒日本帝国主义，解放全国人民，建立新民主主义的中国。我们党历来的路线用一句话讲，就是"无产阶级领导的人民大众的反帝反封建的革命"。人民大众的主要部分是农民。忘记了农民就没有中国民主革命。同时，毛泽东也讲到，就领导思想而言，党要同农民划清界限，要把农民提高到无产阶级水平，不要把党同农民混同起来。没有这一条，就不是马克思主义者。我们曾经设想过国民党可能改造，直到今天，我们对国民党还是"洗脸政策"。①

第二，关于政策问题。毛泽东讲了十一个问题，最要紧的有两条。一条是解释在新民主主义社会发展资本主义的问题。"我在《论联合政府》报告中比较充分地肯定了资本主义，这是有好处的，就是孙中山所说的不能操纵国民之生计，至于操纵国民之生计的大地主、大银行家、大买办是不包括在内的。我们不要怕发展资本主义。对于这个问题，在我们党内有相当长的时间里搞不清楚，这是一种民粹派的思想。"② 毛泽东指出："拿资本主义的某种发展去代替外国帝国主义和本国封建主义的压迫，不但是一个进步，而且是一个不可避免的过程。它不但有利于资产阶级，同时也有利于无产阶级，或者说更有利于无产阶级。"③ 在新民主主义的社会制度下，在发展国家经济、合作经济的同时，让那些不能操纵国计民生而有利于国计民生的私人资本主义有发展的便利，保障一切正当的财产，既符合马克思主义所指明的社会发展规律，也有利于中国社会的发展，有利于将来的社会主义。毛泽东这样反复强调发展资本主义的问题，不仅仅因为这是新民主主义理论中的一个重要问题，更是因为看到党内害怕资本主义的倾向，会妨碍对新民主主义政策的认识和实施。另一条是准备战略转变问题，即由游击战转变到正规战，由乡村转到城市。毛泽东说，我们要有这个准备，事先要有清醒的头脑，以减少转变中的意见分歧。

---

① 逄先知主编：《毛泽东年谱（1893—1949）》（中卷），人民出版社、中央文献出版社 1993 年版，第 594 页。

② 逄先知主编：《毛泽东年谱（1893—1949）》（中卷），人民出版社、中央文献出版社 1993 年版，第 594 页。

③ 《毛泽东选集》（第 3 卷），人民出版社 1991 年版，第 1060 页。

还强调了根据地是战略出发地，转变到夺取大城市后要把城市工作与根据地工作摆在同等重要的位置。

第三，关于党的几个问题，主要是党的建设问题。毛泽东用哲学方法讲了个性的问题："党性就是普遍性，个性就是差别性，没有一个普遍性不建立在差别性的基础之上。"针对整风和生产问题，提出"整风是前进的精神基础，生产是前进的物质基础"。强调了知识分子的作用、干部团结问题："现在党内有几部分干部，如理论工作者，知识分子，在沦陷区、国民党统治区工作的干部，本地干部，平时感觉对他们不很公平，这要特别注意。"提出"讲真话，不偷，不装，不吹"问题。号召全党要多读书，提高马列主义水平，毛泽东说："我建议读五本马列主义著作：《共产党宣言》、《社会主义从空想到科学的发展》、《社会民主党在民主革命中的两种策略》、《共产主义运动中"左派"幼稚病》和《联共（布）党史简明教程》。"①

议程二、军事报告。4月25日，朱德向大会作《论解放区战场》的军事报告。报告系统地总结了党领导武装斗争特别是抗日战争的经验，论述了解放区战场创建、发展和壮大的历程以及人民战争的战略战术，分析了抗日战争中国民党的反人民的单纯防御的军事路线和共产党的人民战争的军事路线，并从建军原则、兵役制度、养兵、带兵、练兵、用兵、政治工作、军队指挥等方面，对人民战争的军事路线和战略战术作了详细的阐述。基本内容是："从全民总动员、团结一切抗日力量、积极打击日寇出发，从团结军民、团结官兵出发，从团结一切友军出发，从积极打击敌人增强自己的战略战术出发，这

---

① 逄先知主编：《毛泽东年谱（1893—1949）》（中卷），人民出版社、中央文献出版社1993年版，第595页。

样就构成了一条中国人民的抗日的军事路线。""总括地说，就是人民军队的路线，就是人民战争的路线。这正是使抗战胜利的路线。"① 就军事问题阐述了用兵主张和毛泽东军事辩证法思想："有什么枪打什么仗，对什么敌人打什么仗，在什么时间、地点打什么时间、地点的仗。第一句话是根据部队武器装备，第二句话是根据敌情，第三句话是根据时间、地形各种条件，这就是实事求是的唯物主义的用兵新法。""这是我们进行人民战争所创造出来的新兵法，也即是毛泽东同志的新兵法。"② 朱德赞成毛泽东指出的中国抗日战争中两个战场的划分：国民党战场和解放区战场。朱德重点讲述解放区战场的问题，概括了解放区战场的作战特点，概括和归纳中国共产党的军事路线，就是人民军队的路线，就是人民战争的路线。朱德提出，要实行从抗日游击战争到抗日正规战争的战略转变，以迎接抗日大反攻的到来。

议程三、修改党章报告。5月14日、15日，刘少奇向大会作《关于修改党的章程的报告》，报告中总结六大以来党的建设的基本经验，对党的性质、指导思想、组织原则、群众路线、制度、民主集中制、党员的义务与权力等一系列重大理论原则问题作了明确的说明。刘少奇在修改党章的报告中说："党章的总纲上确定以毛泽东思想作为我党一切工作的指针，在党章的条文上又规定：努力地领会马克思列宁主义、毛泽东思想的基础，是每一个共产党员的义务。这是我们这次修改的党章一个最大的历史特点。""毛泽东思想，就是马克思列宁主义的理论与中国革命的实践之统一的思想，就是中国的共产

---

① 李蓉：《中共七大轶事》，人民出版社2009年版，第170页。
② 李蓉：《中共七大轶事》，人民出版社2009年版，第171页。

主义，中国的马克思主义。"① 报告指出：毛泽东思想，是从中国民族与中国人民长期革命斗争中形成和发展起来的，是"我们这个民族特有的、完整的关于中国人民革命建国的正确理论"，是"关于中国历史、社会与中国革命的理论与政策"。② 报告要求，全党必须学习和宣传毛泽东思想，在实际工作中遵循毛泽东思想。根据党章"在适当的时候、根据客观情况的变化和党的建设的需要，在党的全国代表大会上对党章进行修订和修改的"规定。③ 修改后的七大党章增加了党纲共十一章七十条，七大的党章突出了八个特点：第一、增写了总纲部分；第二、七大党章在总纲中第一次确立了毛泽东思想是党的指导思想；第三、七大党章特别强调群众路线；第四、七大党章更加完善了党的民主集中制原则和制度；第五、七大党章第一次明确规定了党员的权利与义务；第六、七大党章对党的基层组织的组织范围、权利和任务等，首次作出了明确规定，提出了具体要求；第七、七大通过的党章在组织系统名称方面与六大党章有所不同；第八、七大党章在全党第一次设置了中央委员会主席一职。七大的党章也是中国共产党第一次独立自主地制定一部反映中国共产党和毛泽东建党理论的新党章。报告第一次对毛泽东思想的定义和科学体系作了完整的概括和系统的论述。

从 4 月 23 日至 6 月 11 日，毛泽东在七大期间的讲话和报告有十次，从大会的开幕词到闭幕词；从阐述大会方针到向大会作政治报告、口头报告；从对政治报告的说明，到论述中央

　　① 逢先知主编：《毛泽东年谱（1893—1949）》（中卷），人民出版社、中央文献出版社 1993 年版，第 597 页。

　　② 《刘少奇选集》（上卷），人民出版社 1981 年版，第 333 页。

　　③ 李蓉：《中共七大轶事》，人民出版社 2009 年版，第 176 页。

委员、候补中央委员的选举问题。周恩来在会上作了《论统一战线》的重要发言。任弼时、陈云、彭德怀、张闻天、陈毅、叶剑英等20多人作了大会发言。除两个外国党代表的发言外，其他发言主要是一个方面或一个地区的工作。过去犯过这样那样错误的同志，特别是犯过严重错误的同志，还结合自己的情况作了检讨。许多同志从团结的愿望出发，对犯错误的同志开展了批评。经过对过去经验教训的总结，全党在七大纲领的基础上实现了新的团结。①

议程四、选举中央委员会。大会在发言、讨论三大报告中酝酿中央委员会的选举。5月24日，毛泽东代表大会主席团作了关于中央委员会选举方针的报告，针对代表们提出的问题和各代表团讨论的情况，着重讲了三个问题：一是对过去犯错误的同志，不能一掌推开，只要他承认错误，决心改正错误，还可以入选；二是对于中国革命在长期分散的农村环境形成的"山头"，既要承认和照顾，又要缩小和消灭，要把各个地方、各个方面的先进代表人物都选进中央委员会；三是不要求每一个中央委员都通晓各方面知识，而是要把具有不同方面知识和才能的同志集中选出来，产生一个通晓各方面知识的中央委员会。按照主席团提出的选举方针，经过反复酝酿和预选，6月9日进行了正式中央委员的选举。10日大会公布选举结果，共选出正式中央委员44人。毛泽东在会上讲了关于选举候补中央委员的几点意见。一是强调了候补中央委员选举的意义也是很重大的，如果八大不能如期召开的话，候补中央委员的作用就更大。二是鉴于王稼祥没有当选为中央委员，毛泽东特意强

① 中国延安干部学院编：《党中央在延安13年》，中央文献出版社2010年版，第69—70页。

调了他的重大功劳，提议"主席团把他作为候补中央委员的第
一名候选人，希望大家选他"。① 三是根据东北在中国革命发
展中的特别重要地位，强调有东北地区的人当选才好。毛泽东
报告后，大会进行了选举候补中央委员的投票，结果廖承志、
王稼祥等33人当选。②

▲毛泽东、朱德在七大会议上

　　6月11日，七大在团结、胜利的气氛中闭幕。毛泽东的闭
幕词高度评价了七大的历史性作用，号召全党要以"愚公移
山"的精神，和全国人民一起，下定决心，不怕牺牲，排除万
难，去争取胜利。6月19日，中共七届一中全会第一次会议选
举毛泽东、朱德、刘少奇、周恩来、任弼时、陈云、康生、高

---

　　① 《毛泽东文集》（第3卷），人民出版社1996年版，第426页。
　　② 中国延安干部学院编：《党中央在延安13年》，中央文献出版社2010年版，
第70—71页。

岗、彭真、董必武、林伯渠、张闻天、彭德怀 13 人为中央政治局委员；选举毛泽东、朱德、刘少奇、周恩来、任弼时为中央书记处书记；选举毛泽东为中央委员会主席兼中央政治局和书记处主席。①

七大确定了以毛泽东思想为党的指导思想，使党达到了空前的巩固和团结，为抗日战争的彻底胜利和人民民主革命在全国的胜利打下了牢固的思想、政治和组织基础。以毛泽东为核心的中国共产党第一代领导集体从此正式形成。

评价七大

七大是"团结的大会，胜利的大会"。1945 年 4 月 21 日，毛泽东在七大预备会议上作《中国共产党第七次全国代表大会的工作方针》的报告。他说："这次大会的方针是团结一致，争取胜利。简单讲，就是一个团结，一个胜利。胜利是指我们的目标，团结是指我们的阵线，我们的队伍。我们要有一个团结的队伍去打倒我们的敌人，争取胜利；而队伍中间最主要的、起领导作用的，是我们的党。没有我们的党，中国人民要胜利是不可能的。"② 毛泽东在大会开幕时提出的团结、胜利的方针，发挥了重要的指导作用。1945 年 6 月 11 日的七大闭幕式上，毛泽东满意地指出："我们开了一个胜利的大会，一个团结的大会。"当时，世界反法西斯战争取得节节胜利，中国的抗日战争已是接近最后胜利的重要关头，系统总结中国革命的基本经验，为彻底打败日本侵略者、建设新中国作准备，成为中共七大的中心任务。在这样的形势下，中国共产党召开

---

① 逄先知主编：《毛泽东年谱（1893—1949）》（中卷），人民出版社、中央文献出版社 1993 年版，第 607 页。

② 逄先知主编：《毛泽东年谱（1893—1949）》（中卷），人民出版社、中央文献出版社 1993 年版，第 591 页。

了按规定早已应该召开的第七次全国代表大会。中共七大则是中国共产党前七次代表大会中规模最大的一次。大会的规模、代表的人数，所代表的党员比例，也反映了中国共产党由小到大，由弱变强的发展历程。

国民党与七大

国民党在重庆召开的第六次全国代表大会几乎与七大同时进行，从 1945 年 5 月 5 日到 21 日。出席大会的正式代表 600 人，列席代表 162 人，共 762 人。参会人数和中共七大的 755 人十分接近。对中共七大提出的论联合政府的主张，国民党采取了敌视的态度。1944 年 9 月，中国共产党就明确提出了建立民主联合政府的主张。1945 年 4 月 24 日，毛泽东在七大发表的书面政治报告《论联合政府》中，对这一主张作了系统的阐述。但国民党方面却对建立民主联合政府的主张严厉指责，5 月 18 日，蒋介石在《政治总报告》中指出："今天的中心工作在于消灭共产党！日本是我们外部敌人，中共是我们国内的敌人，只有消灭中共，才能完成我们的任务。"在蒋介石身边 8 年的侍从室高级幕僚唐纵在日记中写道："欲以此号召不满现状之各党派共同夺取国民党之政权，联合政府即为瓦解国民政府之手段。"国民党六大坚持一党专政，对中国共产党的军事力量给予了错误的估计。六大闭幕后的两天，国民党即集中第三战区的十个师兵力，以上官云相为指挥官，向中共领导的苏、浙地区和陕甘宁边区及绥南、绥西的八路军、新四军进犯，这显然是国民党六大低估共产党军事实力的结果。同时，国民党为了巩固自己的地位，也想学习借鉴中共的经验，并对中共七大展开了专题"研究"。7 月 20 日，蒋介石批准将"中共七全大会研究"作为一问题交国民党中央党部，"作一比较研究，以资改进"。① 毛泽东在七大的结论报告中指出："去年九月民主同盟开了全国代表大会，日前国民党开了第六次全国代表大会，我们党正在开第七次全国代表大会。三个大会如果说有一点相同，那就是都要打日本。不同的是国民党的大会是法西斯主义性质的，实际上也是法西斯主义的。"②

共产国际与七大

中国共产党曾经在共产国际帮助、支持下成立，并宣布成为共产国际这个国际性政党组织的一员。1922 年 7 月中国共产党第二次全国代表大会通过《中国共产党加入第三国际决议案》，宣告中共正式加入共产国际，成为其下属的一个支部。从此共产国际与中国共产党确立了一种上下级之间的直接工作关系。中国共产党执行共产国际代表大会及其执委会的一切决议，服从共产国际的统一领导。作为共产国际的一个下属支部，中国共产党召开全国代表大会这样重大的事情，当然要请示和报告，并争取共产国际的指导和支持。而共产国际也十分重视和关心中国共产党的七大，提出过相关意见和建议。

中共筹备七大的过程中，曾认真考虑了共产国际的意见。中共六大通过的《中国共产党党章》规定，"党的全国代表大会是党的最高机关。按通常规例每年开会一次"。因此，1929 年应该召开七大。从实际情况出发，中共中央于 1929 年 7 月写信给驻共产国际代表团，指定在莫斯科的同志负责起草党纲，以准备在 1930 年内召开七大。国际东方部还对召开七大的实际和地点提出了意见：暂定 1930 年七八月间仍然在莫斯科召开中国共产党的第七次全国代表大会，并请中共中央考虑

---

① 李蓉：《中共七大轶事》，人民出版社 2009 年版，第 271 页。
② 李蓉：《中共七大轶事》，人民出版社 2009 年版，第 272 页。

决定。1931年1月，中共扩大的六届六中全会在共产国际代表的参加和主持下，通过决议案，正式将召集七大作为全党"最不可延迟的任务"之一。因种种情况，从1931年到1938年的七年里，共产国际虽然一直在与中国共产党保持各种联络，但是始终没有把召开中共七大真正提到日程上来。1938年3月任弼时奉命前往苏联向共产国际报告工作，系统地介绍了中国的实际情况，阐明了以毛泽东为代表的中国共产党的正确政治路线，同时也说明了七大的准备情况。4月14日，他向共产国际提交书面报告，报告了准备召开的七大的大致时间、主要议程、代表人物等。5月17日，任弼时在向共产国际的口头报告中又谈到："为着总结过去十年的工作和保证党对抗日战争的领导，中国党决定最近召集党的第七次大会，现在权当正在进行准备工作。"

1938年9月下旬召开中共中央扩大的六届六中全会，七大真正进入实际准备阶段。全会传达了共产国际的有关指示，根据共产国际意见，七大的议程根据共产国际不同的意见进行了部分调整，在议程上取消了总结十年内战的内容。共产国际产生不同意见的原因是：中共七大要着重于实际问题，不应花时间去争论过去十年内战中的问题。

1939年9月，周恩来因骑马时右臂摔伤到莫斯科就医，在治疗期间，通过口述让人整理了一份5万多字的《中国问题备忘录》的报告，并于1939年12月29日向共产国际提交，报告介绍了中共七大的准备工作，介绍了从1937年底已成立了以毛泽东为主席、王明为书记的准备委员会，准备1940年三四月份召开七大。1940年1月1日和2日，周恩来向共产国际做了一次题目为《中国问题》的汇报。周恩来的报告，主要从中国抗日战争相持阶段的特征和我党的对策、统一战线等问

题向共产国际报告中国的问题，这次报告对共产国际了解中国
情况起了很好的作用。此后，共产国际不再对中国的事情指手
画脚，就连对周恩来这次报告所作的决议，都是非常谨慎、字
斟句酌，反复征求周恩来、任弼时的意见之后才作出的，极力
避免有干涉中国事务的字句出现。周恩来在治伤出院后，还和
共产国际研究了中共中央的干部问题，分析了中共党的干部状
况，并就中共七大的召开时间及人事安排问题交换了意见。共
产国际执委会书记处于 1940 年 2 月 8 日作出关于中国共产党
的组织干部问题的决议，共产国际执委会主席团 3 月 11 日通
过了关于中国问题的决议。共产国际特别在中国问题的决议中
指明了路线原则问题和七大选拔干部问题。这是中国共产党召
开第七次全国代表大会前收到的共产国际一个重要指示，它对
中共更好地加强民主集中制和党内民主，更加重视考察、选拔
干部，搞好七大的选举具有积极影响。

　　1940 年 3 月，根据季米特洛夫的意见，七大议程进行了调
整，将六届六中全会决定的由王明作组织报告改为周恩来（到
七大召开时，又改为刘少奇）作报告，同时由任弼时担任七大
秘书长，这些举措都和共产国际有关。

　　共产国际在 1938 年就明确支持毛泽东在中共的领袖地位。
1941 年夏，季米特洛夫几次同在莫斯科的中国党校学生谈话，
"中心内容是嘱咐这些学生回到中国以后要听毛泽东的意见，
不能听其他什么路线的；在中国革命问题上只有毛泽东是正确
的"[①]。毛泽东对共产国际也十分尊重，1941 年秋冬之交，为
了七大代表和中央委员的选举，毛泽东给"远方"（指共产国
际和斯大林）发电报，征询意见。1943 年 5 月共产国际解散

---

　　① 李蓉：《中共七大轶事》，人民出版社 2009 年版，第 129 页。

后，中共仍然和联共（布）保持密切联系。12 月 22 日，原共产国际领导人、时任苏联共产党中央国际宣传部部长的季米特洛夫给中共中央主席毛泽东写信，指责中共中央在民族战争、统一战线和整风运动三个方面所实行的主要政策和工作。毛泽东于 1944 年 1 月 2 日向莫斯科发出电报，说明已收到季米特洛夫的信并表示真挚的敬意，同时说明中国共产党在领导中国革命中的任务、政策和基本原则，说明真实情况。经过努力，这件事得到了妥善而成功的处理。

1943 年 5 月共产国际解散后，同年 12 月 28 日，中共中央政治局在给各中央局、中央分局并各区党委的指示中指出："我党七次大会时，即将总结我党二十二年的经验。"但到七大召开前，中共中央决定不将历史决议提交七大，"以避免大会把重心放在历史问题上"，使七大"集中精力注意当前的问题"。① 应该说，毛泽东的解释和任弼时于 1945 年 4 月 21 日《在中国共产党第七次全国代表大会预备会议上关于七大准备工作的通知》中所作的说明，既有从实际出发的考虑，也不排除当年共产国际意见的影响。

在 1944 年开始的筹备七大的六届七中全会上，毛泽东对共产国际给予高度评价，认为共产国际和苏联对中国革命给予了很大的帮助，苏联共产党的理论和经验对于中国共产党也有所帮助和启发。毛泽东还解释了为什么不在《关于若干历史问题的决议》中提共产国际的问题，他说，这是"故意不提的。共产国际现在不存在了，我们也不把责任推给共产国际"。②

---

① 李蓉：《中共七大轶事》，人民出版社 2009 年版，第 126 页。
② 李蓉：《中共七大轶事》，人民出版社 2009 年版，第 130 页。

七大召开前夕，毛泽东把七大的准备工作、《关于若干历史问题的决议（草案）》的内容，都向原共产国际延安通讯员兼塔斯社记者孙平作了介绍，并让他旁听了七大。毛泽东还要求师哲，每天都要把当天大会的内容用俄语告诉孙平，以便让其了解七大。七大结束后，毛泽东还把七大的整套文件交给孙平，请他转交苏共中央。

1945 年七大的召开，不像以往的六次代表大会，都由共产国际提供具体帮助、指导甚至全部包办，七大是中国共产党成立以来第一次脱离共产国际，完全依靠自身力量独立自主召开的全国代表大会，从此中国共产党开始走向成熟。

◎ 对日寇最后一战

1945 年 8 月 8 日，苏联政府宣布对日作战，使中国抗日战争转入反攻的条件已经成熟，9 日，毛泽东在延安发表声明——《对日寇的最后一战》："8 月 8 日，苏联政府宣布对日作战，中国人民表示热烈的欢迎。由于苏联这一行动，对日战争的时间将大大缩短。对日战争已处在最后阶段，最后地战胜日本侵略者及其一切走狗的时间已经到来了。在这种情况下，中国人民的一切抗日力量应举行全国规模的反攻，密切而有效地配合苏联及其他同盟国作战。八路军、新四军及其他人民军队，应在一切可能条件下，对于一切不愿投降的侵略者及其走狗实行广泛的进攻，歼灭这些敌人的力量，夺取其武器和资财，猛烈地扩大解放区，缩小沦陷区。""全国人民必须注意制止内战的危险，努力促成民主联合政府的建立。中国民族解放战争的新阶段已经到来了，全国人民应该加强团结，为夺取最后胜利而斗争。"①

　　抗日战争形势的发展，比党预想的要快得多。毛泽东在1945年5月31日向七大作结论的时候说："日本也许在明年就倒下去"，要准备日本军队可能把兵力统统撤到华北，要准备集中二十到三十个旅去打大城市。② 随着世界反法西斯的胜利和世界战争形势的发展变化，毛泽东在《解放日报》7月7日纪念抗战八周年的文章中，分析了世界反法西斯战争的形势，为解放区军民战胜困难、转入反攻指明了方向。"反对国民党压迫蒙民、回民、藏民！要求现在的国民党政府改善对国内少数民族的待遇，给国内少数民族以自治权与自决权，加强反攻力量！""中国解放区军队要继续向一切被敌伪占领而又可能攻克的地方，发动广泛的进攻，扩大解放区，缩小沦陷区，并准备随时粉碎敌人的进攻！""动员一切力量，和灾荒作斗争，增加生产，厉行节约，积蓄民力，准备反攻的物质基础！"③

　　7月17日至8月2日期间，美、英、苏三国首脑及外长在德国首都郊外的波茨坦举行会议，于7月26日以中、美、英三国共同宣言的形式发表了《波茨坦公告》，促令日本无条件投降。这次，中国政府虽然没有派代表参加会议，但美、英两国在公告发表前征得了中国的同意。后来，苏联也在公告上签字，成为四国的对日共同宣言。由于日本拒绝接受《波茨坦公告》，8月6日和9日，美国先后在日本的广岛、长崎投下了两

---

　　①　《毛泽东选集》（第3卷），人民出版社1991年版，第1119—1120页。

　　②　中国延安干部学院：《党中央在延安13年》，中央文献出版社2010年版，第71页。

　　③　西北五省区编纂领导小组、中央档案馆编著：《陕甘宁边区抗日民主根据地》（文献卷·下），中央党史资料出版社1990年版，第606页。

颗原子弹。8月8日，苏联政府宣布对日作战。8月9日，苏联军队进入中国东北，向日本关东军大举进攻。[1]

▲苏联红军在中国东北投入战斗

8月10日，中共中央指示各中央局、分局和各区党委：立即动员一切力量向敌伪进行广泛的进攻，以正规部队占领大城市和要道，以游击队、民兵占领小城市。同日，延安总部朱德总司令向各解放区所有武装部队发布命令：各解放区抗日武装部队依据《波茨坦公告》规定，即令敌伪军向我投降缴械，如遇拒绝的，即予以坚决消灭，进攻敌伪所占城镇交通要道，实行军事管制，维持秩序。[2]

8月11日，朱德总司令连续发出七道命令，就对日展开

① 中共中央党史研究室编：《中国共产党历史大事记》，人民出版社2011年版，第50页。

② 中国延安干部学院编：《延安时期大事记述》，中央文献出版社2010年版，第400页。

全面反攻和受降问题作出了具体部署，要求各解放区抗日武装向其附近的日伪军发出最后通牒，限令其在一定时间内向人民军队缴械投降。如遇日、伪军部队拒绝缴械投降，即予以坚决消灭。根据中共中央、中央军委的指示和延安总部的命令，各解放区立即组织所属武装力量，陆续发起猛烈的全面大反攻。八路军、新四军及华南抗日纵队共收复县以上城市 150 座。①

8 月 14 日，日本政府正式照会中、美、英、苏四国政府，表示接受《波茨坦公告》。

8 月 15 日，日本天皇裕仁以广播"终战诏书"的形式宣布接受《波茨坦公告》，向全世界宣布日本无条件投降。② 9 月 2 日，日本投降仪式在东京湾的美国"密苏里"号巡洋舰上举行，中国人民抗日战争和世界反法西斯战争胜利结束。③

据统计，中国八年抗日战争中，中国军民伤亡 3500 多万人；按 1937 年的比值折算，直接经济损失 1000 亿美元，间接经济损失 5000 亿美元。八路军、新四军和华南人民抗日游击队对敌作战 12.5 万余次，消灭日、伪军 171.4 万人，其中日军 52.7 万余人。到抗日战争结束时，中国共产党党员人数发展到 120 多万，人民军队发展到 132 多万人，民兵发展到 260 多万人；领导建立的抗日根据地有 19 块，总面积近 100 万平方公里，人口近 1 亿。④

---

① 中国延安干部学院编：《延安时期大事记述》，2010 年版，第 401 页。

② 中共中央党史研究室编：《中国共产党历史大事记》，人民出版社 2011 年版，第 50 页。

③ 中共中央党史研究室编：《中国共产党历史大事记》，人民出版社 2011 年版，第 51 页。

④ 中共中央党史研究室编：《中国共产党历史大事记》，人民出版社 2011 年版，第 51 页。

◎ 从延安走向胜利

1948 年 3 月 23 日，毛泽东率中共中央东渡黄河，前往华北。4 月 22 日，延安回到人民的怀抱。1947 年，大部队根据革命形势需要撤离延安，党中央坚持留在陕北；1948 年，延安收复，党中央离开了陕北。

蒋介石没有弄清楚抗战胜利以后的形势，没有同意共产党的《论联合政府》，低估了共产党领导的人民军队力量，以为在美国的支持下，可以消灭共产党。国民党梦想着可以用先进的武器和部队人数优势实行一党专政，但是由于它的腐败和不得人心，最终完全失败。无数历史事实告诉我们：得民心者得天下，失民心者失天下。中国共产党凭着"解放全中国，让人民当家做主人，全心全意为人民服务"的宗旨，最终赢得了全国民心，继而赢取了天下。